すべてが楽になる

ピアノレイキ

音楽療法家・心理カウンセラー
橋本翔太

フォレスト出版

本書付属
「ピアノレイキCD」の聴き方

「ピアノレイキ」とは、人や場のエネルギーを高める「気」を込めてピアノで演奏した、橋本翔太オリジナルのヒーリングミュージックであり、気のメソッドです。

作曲・演奏　橋本翔太

本書付属の音源は、橋本翔太オリジナルピアノ演奏です。それぞれの曲に、「気」（エネルギー）をのせて演奏しています。

本書の各チャプターで、付属音源を使ったワークをご説明していますが、ただスピーカーでお部屋に流したり、ヘッドホンで聴いたりするだけでも効果を実感していただけることでしょう。効果に個人差はありますが、まずは楽しんで曲を聴いていただければうれしいです。また、本文でご紹介するピアノレイキワークによって、今日からレイキを活用できます。その際にはトラック1〜3の音源をぜひご利用ください。

トラック **1**

ほほ笑む波間がピンクで包む ありがとうでほら満ちていく

（波音の毒出し）15:04 min.

■ こんなときに聴いて、流してみて！ ■

ココロ

過去にとらわれている。恐怖を感じる。憂鬱。
昔の恋人にこだわる。家族や周りの人間を許せない。

カラダ

眠れない。仕事や勉強、家事、育児などで疲れやダルさを感じる。風邪の予防やストレスの解放。
お肌の吹き出物が気になる。

環境

空間（お部屋やお店）の浄化。バスタイム。
寝室、ストレッチやウォーキングの最中。

情報

物事にこだわる。一つの考え方にとらわれてしまう。
気づきが得られない。

トラック **2**

しずくは大地へ　涙は空へ
べっこう飴より、まあるい三日月

（雨音のグラウンディング）15:06 min.

■ こんなときに聴いて、流してみて！ ■

ココロ

イライラ、緊張、嫉妬や怒り、劣等感を感じる。落ち着かない、集中できない。興奮している、躁状態。他人の視線が気になる。自律神経の乱れ。

カラダ

メンタルからくる腰痛と下痢。ボーっとしていて手足が重い。緊張と興奮で眠れない。

環境

空間（お部屋やお店）の安定と活性化。
瞑想する場所。満員電車など公共の乗り物の中。

情報

地に足が付かない。人生を改善させる方法がわからない。他人に依存しがち。

トラック
3 せせらぎ ささやき キミ きらめき

（せせらぎのストリーミング）15:05min.

こんなときに聴いて、流してみて！

ココロ

無気力で、どうしたらいいかわからない。
いつも我慢してしまう。自分の不運を強く感じる。

カラダ

免疫力を高めたい。冷えや生理痛に。
お肌のくすみが気になる。若さを保ちたい。

環境

空間（お部屋やお店）に豊かさを呼び込みたい。
ショップや教室などお客さんの流れの活性化。
観葉植物やパワーストーンの活性化。

情報

直感が働かない。なぜかうまくいかない。次に何をすべきかがわからない。

プロローグ
――ピアノレイキがあなたのすべてを「リセット」する

「心も体も疲れ切っている」
「人生がカサカサにささくれ立っている」
「何もかもリセットしたい」

このような状態を放置したまま、本来のあなたからズレてしまうと、さらに物事がうまくいかなくなり、心身もどんどん不調になります。

本書『すべてが楽になるピアノレイキ』は、特別に研究された付属音源を使って、あなた自身、そしてあなたの人生の毒出しを行い、すべてをリセットします。

さらに、あなたらしく幸せに生きるための「情報」をキャッチしやすくすることで、人生を飛躍させる方法をご紹介します。

付属CDの音源「ピアノレイキ」とは、人や場のエネルギーを高める「気（エネルギー）」を込めてピアノ演奏した、著者オリジナルの音源です。波・雨だれ・せせらぎの環境音とミックスし、水音に含まれる波動の力も活用しています。

聴くだけでも効果を体感いただけますが、各章では、付属音源を用いたワークをご紹介していきます。

心身と人生の流れをよくする「レイキ」とは？

ピアノレイキの「レイキ」は、日本生まれの気のメソッドです。

「レイキ」とは、レイキという何かがあるのではなく、「気（エネルギー）」を活用して、心身の循環をよくする方法論です。

合気道、ヨガ、フラダンスなども気のメソッドの一種です。

大正時代に生まれて日本では廃れてしまったレイキですが、お弟子さんの一人がハワイで広め、そこから特に英語圏の国を中心に世界で広まり、今は世界でも有名な代替療法のひとつになりました。

鍼《はり》、太極拳、マインドフルネス、ヨガなどと並んで、心身のコンディションを整える非常に有効なメソッドとしてアメリカでは軍や看護学校で、イギリスでも王室がレイキの講

座や施術をサポートしていたりと、ますます注目を浴びているメソッドです。（詳細はChapter4をご覧ください）

しかし残念ながら、日本ではレイキはもちろん「気」と聞くだけでもうさんくさいと煙《けむ》たがられる傾向にあります。宗教っぽい感じがして苦手な人も少なくありません。

「気を遣う」とは相手に気を遣《や》ること、「病気」とは気が病むこと、強気・弱気・雰囲気・気軽・気疲れなど、気（エネルギー）をうまく捉えた言葉がたくさんあるのに、日本人はなぜか「気」の話が苦手です。

私もかつては抵抗があったのですが、「気」を日常生活に取り入れることによって人生までがうまくいきはじめたため、より多くの人に、もっと気軽に「気」を体感してもらう方法はないだろうか……とずいぶん思案しました。

やがて音楽療法をベースとした自分のピアノの即興演奏に「気（エネルギー）」をのせて、場や人々のエネルギーを高める方法を思いつきました。

それが「ピアノレイキ」です。

音楽療法や心理療法的なアプローチに、世界ですっかり有名になっている日本生まれのレイキの発想を取り入れた「心身と人生の流れを良くする道具」と考えてみてください。

「音」は「気」を運ぶ最高の媒体

音は、「音楽療法」として注目を集めている通り、ココロやカラダにダイレクトに影響を与えます。目には見えませんが、音もエネルギーのひとつであり、確かに存在します。「気（エネルギー）」も目には見えませんが、確かに存在します。

音と気は相性が良く、音は「気（エネルギー）」を運ぶ媒体として優れています。

ピアノレイキによって心身の気の巡りがよくなると、疲れたココロやカラダがリセットされ、あらゆる問題が改善してバランスを取ってくれます。

それだけではありません。

ずばり人生の流れが良くなります。

運気とは「気を運ぶ」と書きますよね。ピアノレイキによって気の巡りがよくなると、人生がうまく好転していきます。

これは何も怪しい話をしているのではありません。

「気」の巡りを良くすることで情報を受け取りやすい体質になる

「気（エネルギー）」の中には、莫大《ばくだい》な「情報」が含まれています。

その中には、**あなたの問題を解決し、より良い人生へ、もっと上を目指すために何をしたらよいのか、あなたに必須の「情報」も含まれています。**

この情報は、あなたの「気（エネルギー）」の巡りが良くなることで、自然とキャッチできるようになるのです。

直感やシンクロニシティの増加という形で情報を受け取る人もいます。直感なんて曖昧《あいまい》でわからなかった人も、「気（エネルギー）」の流れが活性化していると、肉体（特に腹）で直感を受け取ることができるようになり、次にやるべきこと、人生を飛躍させるヒントやメッセージを受け取ることができるようになります。

たとえるなら、あなたというスマートフォンのバージョンを上げて、スマホをネットに接続してあげるイメージです。

気の巡りが良くなると、情報の海へと接続でき、必要な情報が流れてくるようになります。気の巡りが良くなることで、やがて肉体というスマホもバージョンアップしていくと想像してみてください。スマホのバージョンが上がると、感度が上がって、さらに情報をキャッチできるようになります。

あなたの音を「ナチュラル」に戻して人生をリセットする方法

そもそも、「気（エネルギー）」なんて存在するかさえ怪しいと思う方もいるかもしれません。しかし人間の五感には限界があり、人間には識別できない色・音・匂《にお》いは存在します。見えないから存在しないという考えは人間のおごりです。

人間の五感では「気（エネルギー）」ははっきりと感じるとることができませんが、上手に取り入れることで、あなたの人生を自ら飛躍させることができる最強のパートナーとなってくれるのです。

そのために難しい気の修行は要りません。付属音源のピアノレイキを聴き、活用していけば、あなたの気の巡りは自然と回復、活性化していきます。

ピアノレイキを活用する上で、今回は3つのステップを準備しました。

あなたの幸せな生き方が見つかる「ナチュラリング」3ステップ

Step 1 **毒出し**

ココロとカラダ、そして人生に**溜まっている不純物を取り除き、しっかり毒出し**を行います。**過去にとらわれなくなり、**つらい出来事も自然と思い出さなくなります。

Step 2 **グラウンディング**

現実世界にしっかり足をつけ、根を下ろし、**人生の基盤を作ります。感情が安定し、結果の伴う行動ができる**ようになります。過去でも未来でもなく、**「今」に集中して**生きる力と落ち着きを取り戻します。他人の影響を受けづらくなります。

Step 3 **ストリーミング**

あなたの**人生の流れ、運気を上げて願望実現を加速**させます。タイミングが良くなり、仕事や恋愛などで新しい出会いが増えていきます。より充実した**豊かな未来を呼び込む**ことができるようになり、そのための行動力がわいてきます。

この3つのステップを「**ナチュラリング**」と名付けました。

この世界に存在するものは、すべて波で表すことができ、それを波動と呼ぶのは最先端の科学の世界でも説明されています。

私たちは、それぞれ固有の振動と振幅を持った波の存在でもあるのです。

音も当然、振動と振幅を持った音波として存在します。つまり私たちは音に置き換えることができるとも考えられます（人間の耳にはその音は聴こえませんが）。

小学校の音楽の授業でナチュナル（♮）という記号を習ったのを覚えていますか。「もとの音に戻す」という意味の記号です。他にシャープ（♯・半音あげる）やフラット（♭・半音さげる）という記号も習いました。

人間を〝音〟として考えると、イライラや焦り、頑張りすぎているときは、あなた自身が〝シャープ〟しています。

落ち込んだり、無気力だったり、疲れているときは〝フラット〟していると言えますよね。

こうなるとあなたの人生は滞ります。リセットが必要です。

望む人生を手にするには、あなた本来の〝音〟に戻す必要があるのです。

音楽記号でいうと〝ナチュラル〟に戻す必要があるのです。

以上から、その人本来の音に戻すメソッドを「ナチュラリング」と名付け、その方法を本書ではご紹介していきます。

ナチュラリングの結果、あなたの波動、つまり「音」が整い、鳴り響きが良くなり、望む人生へと「共鳴」がはじまります。そして、人生を飛躍させるための情報が流れてきて、それをキャッチできるようになります。

付属音源のピアノレイキがこのナチュラリングに大いに役立ってくれるでしょう。

本書で進めるナチュラリングのステップ

Chapter1 では、海が持つ力を使って毒出ししてリセットします。心身の疲れが取れ、過去に引っ張られなくなり、つらい出来事を自然と思い出さなくなります。

Chapter2 では、雨が持つ力とグラウンディングで、現実世界に根を下ろし、人生を飛躍させる基盤を作ります。決断力と判断力を取り戻して自分の力を取り戻すメソッドをお伝えします。感情が安定し、結果の伴う行動ができるようになり、今に集中して生きる力と落ち着きを取り戻すことができるようになります。

Chapter3では、せせらぎが持つの力とストリーミングで人生の流れ、運気をあげて願望実現を加速させます。

Chapter4では、ピアノレイキを聴きながら、さらにピアノレイキワークによって、気の流れを積極的に整えて心身を活性化、そして人生を飛躍させる「情報」を手にしていく方法をご紹介します。

それでは、ピアノレイキを流しながら、ページをめくっていきましょう。

Chapter 4

自宅で今すぐできる実践レイキ初公開

ブックデザイン　小口翔平+岩永香穂(tobufune)
カバーイラスト　植田たてり
本文イラスト　くぼあやこ
DTP　キャップス

Chapter

1

海〜毒出ししてリセット

波の音はあなたの「毒出し」をうながす

さあ、ナチュラリングのステップ1「毒出し」からはじめましょう！

毒出しとは、体内から毒素や老廃物を取り除く意味で使われていますね。

ここでは、**ココロとカラダと人生に溜まったマイナスの波動や不純物を排泄《はいせつ》し、浄化す**る意味で用いています。

あなたが美しい音で鳴り響くためには、第一にあなたの中から雑音を取り除くことが大切です。一度リセットする必要があります。

毒出しがうながされると、**過去のつらい出来事にとらわれなくなり**、自然と思い出す回数も減ります。

不安や疲れが抜けて、睡眠も深くなり、**ストレスの溜まりにくい体質**になります。自分を責めたり、ひどく落ち込んだりすることがだんだん減っていきます。

いくらがんばっても、成果が出ない……ということもなくなり、**努力した分、ちゃんと**

効果を得ることができるようになります。

付属音源のトラック1「ほほ笑む波間がピンクで包む　ありがとうでほら満ちていく」は、毒出しのための「ピアノレイキ」です。

さらに、**毒出しを助けてくれる「海の波音」**と共演しました。

後に、この曲を使ったワークもご紹介します。

その前に、あなたの毒出しをサポートしてくれる海の浄化の力についてお話ししましょう。

あらゆる物質は海で浄化され地球に還《かえ》る

海の語源は「産み」から来ているともいわれ、今でも、海の中ではたくさんの生命が生まれています。

陸《おか》に上がった私たちも、進化をたどれば海水の中から誕生したのは有名な話ですよね。

海は誕生の象徴でもありますが、**ゼロに戻る、還る場所**でもあります。すべての水は、水蒸気となり、雨となり、土に染みこみ、川となってまた海に戻っていきます。そして海の生物はもちろん、陸のあらゆる動植物も、その命を終え土に還った後は、長い年月を経て、水とともに海に還っていきます。

海は、**新しく産み出すとともに、あらゆるものをゼロに戻す働きがある**のです。

実際に、海が物質をゼロに戻そうとする力は強力です。

時々ニュースをにぎわせる、タンカー船破損による海での石油流出事故を思い出してみてください。

一時は油まみれで、砂浜も、生物も、見ていられないほどひどい状態になっても、それらがずっと石油まみれのまま、ということはありません。

もちろん人間の手による清掃の努力もありますが、取り去りきれなかった石油も、海の力でいつの間にか地球へと還っていきます。

水と油という、どうにも混ざらない関係のもの同士であっても、海は最後には浄化してしまうのです（もちろん、だから海を汚していいということではありません）。

この海の浄化の力がなければ、とっくの昔に私たち人間は、地球に住めなくなっているのではないでしょうか。

海とは、地球が持つ自己浄化作用が特に強く働く場所でもあるのです。

この**地球で生まれたすべてのものが浄化される場所、それが海**なのです。

塩の浄化パワーはあなどれない

そんな海からとれる「塩」も、強力な浄化作用を持っています。

お悔やみごとがあった後、お葬式に参列した後は、塩で自分を清めますよね。

嫌な人が帰った後に塩をまくというのも、その人が残していった嫌な波動を払い清め、いち早く浄化してこれ以上影響を受けないようにするための先人の知恵なのです。

ここで、塩の浄化力を利用して場を浄化する方法をお伝えしましょう。

「盛り塩」です。建物の入り口の両脇に塩を盛ってあるのを、あなたも見たことがあるのではないでしょうか。

これは、入り口から出入りするものを清め、**幸運を呼び込み、悪いものをよせつけない効果**があります。部屋に置いたり、玄関やトイレに一対（2つ）置きます。店先で見たことがある人もいるでしょう。

出入り口に一対置くことが多いのですが、置く場所や、置き方に特に決まりはありません。

あなたも好きな場所に、好きな小皿の上に、センスよく盛ってみてはいかがでしょうか。

作り方ですが、まず、日本の粗塩を用意します（海外なら現地の塩を使います）。

次に小皿を準備します。盛り塩の大きさにこだわる必要はないので、邪魔にならないサイズを選びましょう。

そのまま、手で盛ってもいいのですが、なかなかキレイな形にはなりません。

ピラミッドパワーじゃないですが、**先端がしっかり尖《とが》っている方が盛り塩のパワー、浄化の力は強くなります。**

そこで橋本式「盛り塩作成カップ」のご紹介です。

作り方はとっても簡単。ペンとハサミと厚紙、テープかステイプラー（ホチキス）を準備します。

浄化パワーを強化する「盛り塩作成カップ」の作り方

1 厚紙に円を書いて、チョキチョキ切ります。
2 半径にハサミを入れて、
3 丸めて円すいの形に止めます。
4 あまった部分を切って、整えて出来上がり！

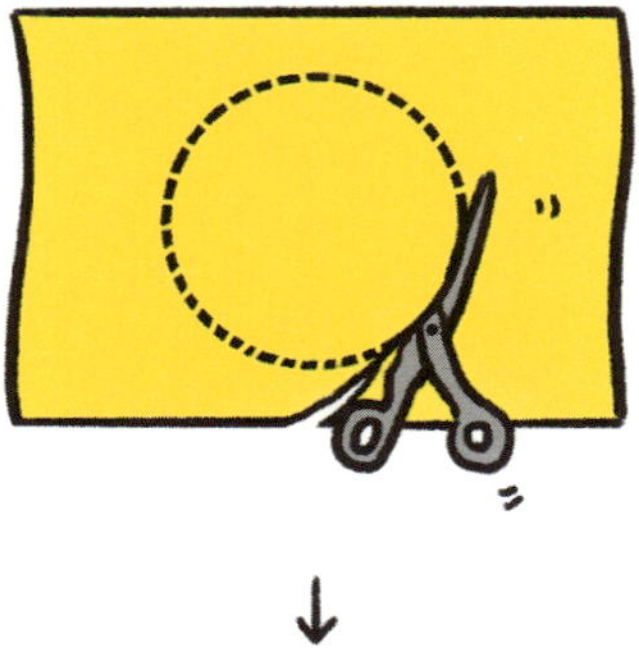

厚紙に円を書いて
ハサミで切り抜く

円の半径にハサミを入れる

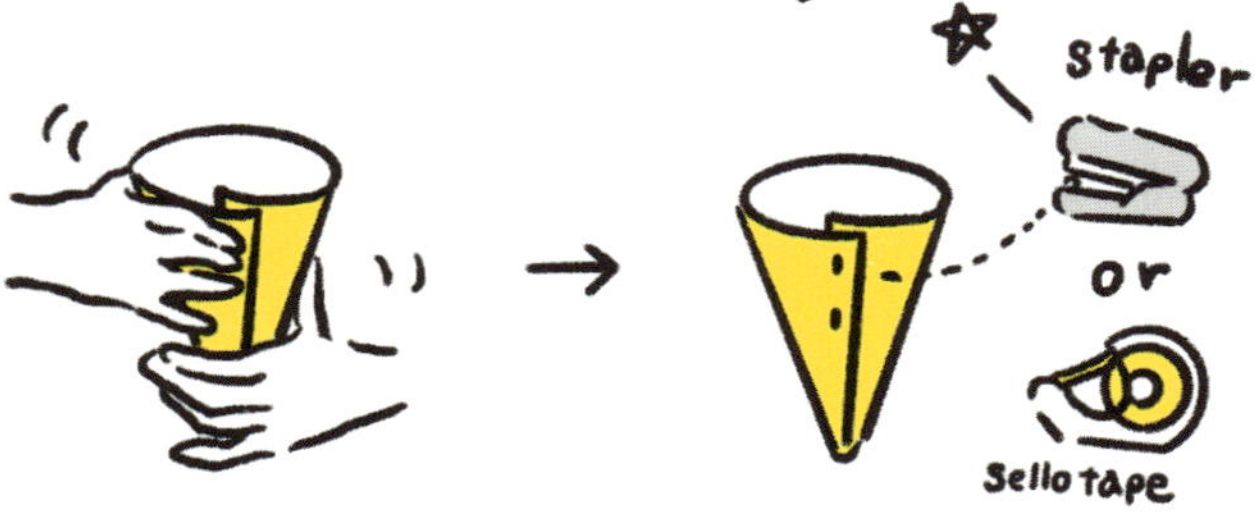

丸めた円すいにして
あまった部分を
切って整え
カップが完成

カップに粗塩を詰めて
ひっくり返して
「盛り塩」の出来上がり！

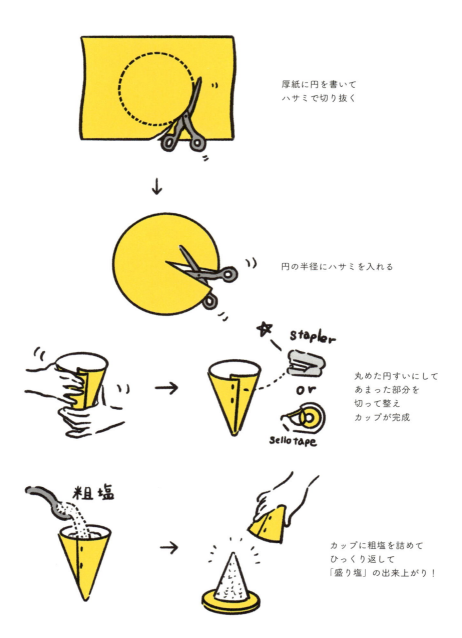

これで、先のとがった円すいのカップができました。

あとは、プリンの要領と一緒です。カップの中に粗塩を詰めて、ひっくり返して、ポン！

はい、出来上がり！

しっかり塩を詰めること、型を外すときは、そっと外すことがポイントです。


実際、**あまり場の波動がよくないところに盛り塩をすると、まるでその悪い波動を吸い取るかのように、数日で塩がドロドロになってしまう**ことがあります。

その際は、何度も盛り塩を取り替える必要があります。

ほかに交換の頻度には決まりはないのですが、ホコリをかぶった盛り塩に効果があるはずがありません。お皿や塩に、ホコリが溜まる前に交換しましょう。そのときは、お皿も流水で洗ってください。

日ごろの悩みが消えていく海の浄化パワー

海の浄化の力は、目に見えないココロの部分にも作用します。

現にみなさんは海辺に行くと、なんとも言えない、スッキリした気持ちになりませんか？海の側にいるだけで、日ごろの悩みが小さく思え、「自分なんて、ちっぽけだなあ」なんて感じたこと、あるでしょう？

それは海の広大さ、スケールの大きさに圧倒されたからとも言えますが、そんな視覚的な要素も含め、**海には日ごろ日常で溜まったストレスも、洗い流す力がある**のです。時々海を見に行きたくなるという人が多いのは、そんな海の浄化の力を無意識に感じているからなのです。

ちなみに、海の浄化の力に注目をして、海に浸かることで心身を癒やすヒーリングや、療法を考案している人たちもいるそうです。目に見えて効果があり、心身の症状の改善に、大きな成果を出しているそうです。

サーファーはなぜモテるのか？

私はサーフィンを体験したときに海の浄化の力を強く実感しました。

スノーボードは得意なので、似たようなものだろうと思っていたら大間違い。

初心者の私は、板に乗るのも精いっぱいで、波を捕まえるどころか、パドリング（一番基本の漕《こ》ぐ動作）すらろくにできません。

そうこうするうちに、気が付くと数時間を海で過ごしていました。


このとき、びっくりするくらい**ココロとカラダが軽い**ことに気付きました。

帰りの車の中、そして帰ってからも、**疲れをあまり感じない**のです。

パドリングが思うようにできなくてイライラしたり、そのうちセンスがないのかもと落ち込んでみたり。そのうえ、普段使わない筋肉を使って疲れているはずなのに、驚くほどの爽快感《そうかいかん》に包まれているのです。


しかも、このなんとも言えないココロとカラダの爽快感は、その後**1週間以上も続いた**のです。

これは、スポーツをした後の爽快感のような一時的なものとは違っていました。

明らかにココロもカラダも非常に調子が良く、いつもは気になるちょっとしたマイナスの出来事も、まったく気にならない状態が続いたのです。

普段みなさんが海に行くときは、海水浴だとしても真夏の海にはそう何時間もいられないでしょう？　まして、海の中に入っている時間はどのくらいですか？　トータルで1時間もないのでは？

私も数時間単位で海に浸かっていたのは初めてだったのですが、海の浄化の力をこれほど体感できたのにはびっくりしました。

このとき、気付きました。

なぜ、サーファーと呼ばれる人たちは、イイ男が多いのか。明るい女の子が多いのか。

ファッションや、焼けた肌だけがその理由ではないのです。

だって、同系ファッションに日焼けサロンで焼いた子たちは、サーファーのようなキラキラ感に欠けるでしょう？

サーフィンをすると、長時間海に触れることになります。

それが強力な**浄化となって、彼らのココロとカラダは常にスッキリした状態に保たれていた**のです。

こんなすがすがしい状態がいつも続いたら、前向きな気持ちで満たされ、笑顔に輝きが出て、内面が美しくなり、それらが外見にもにじみ出て、どんどん美しく、カッコ良くなるのは当然だと思いました。

サーフィンの虜《とりこ》になってしまう人の気持ちがとてもよくわかりました。浄化もできて、こんなに元気になってしまうスポーツって、なかなか、ないかもしれません。

この海の浄化のパワーを、あなた自身、そしてあなたの人生の毒出しに活用してもらおうと考えて作ったのが、トラック1の毒出しをうながすピアノレイキと海の波音のコラボレーションです。

すべての人の人生に「毒出し」が必要な理由

ここでは、本来のあなたに戻る「ナチュラリング」のために、なぜ毒出しが重要なのかをお話ししましょう。

あなたは散らかった部屋の掃除をしながら、ゴミ袋に不要なものをまとめている最中だとします。

ピンポーンとチャイムが鳴って、新しい家具やらお花やら、絵画やらが運び込まれてきました。

「これもよろしくね、ちゃんと配置して飾ってね」

こんなことを言われたら、困りませんか？

せっかくの美しい絵画や家具も、ゴミだらけの部屋に飾ったのでは意味がありませんよね。

足し算よりも効果は増える「引き算の法則」

人生も同様で、毒出しができていないと、**いくら新しいものを取り入れて夢や願望に向かって努力をしても、実現しにくい**ということが起こります。

明らかにムダなものを排出するだけでなく、積極的にムダなものを取り除き、また時には継続していたものを〝やめる〟という判断をすることは、人生の中でとても重要です。

私たちは、良くなるためには何かを加えなければならない、手に入れなければならない……つまり、「足し算」をしなければいけないと思いがちです。

実際、そう教えられてきました。しかし、本当にそうでしょうか？

あなたは、オーケストラの指揮者になったとしましょう。

さまざまな楽器が集まり、ひとつの音楽を作り上げるための監督として、耳を澄ませています。

このとき、どうも変な音がするのにあなたは気付きます。

どうやらトランペットの一人が、おかしな音を出しているようです。

その奏者に何度も注意をしましたが、直そうとするどころか、ますます変な音で演奏をしています。


このときあなたは監督として、全体の音楽を良くするために何をしますか？

ほかのもっと腕のいいトランペット奏者を増やしますか？

それとも、ヴァイオリンの音をもっと良くするために指導しますか？


私だったら、そのトランペット奏者に外れてもらいます。

新たに上手な人を加えたり、技術を高めたりするために努力するよりも、その奏者がいなくなった方が、間違いなく良い演奏になるからです。


実際、私もこれと同じような経験があります。

高校時代に私は吹奏楽部の部長をしていたことがあります（パートはトランペットでした）。

かなりの熱血鬼部長で、やる気のない部員をどんどん辞めさせたことがあります。

部活動の在り方という点ではそれが良かったか疑問ですが、演奏という点では、人数が減ったにもかかわらず、ぐっと良くなったのを覚えています。

その後、少人数でもやる気のある部員で良い演奏していたら、不思議と入部したがる生徒が増えました。

しかもどの生徒もやる気のある子たちばかりだったので、結果的に部としては一気に雰囲気も演奏も良くなりました。

こうなってはじめて、やればやっただけ成果が出るようになります。

練習すればするほど、部の演奏はどんどん良くなっていきました。

最初のままだったら、どんなに練習してもイマイチな演奏しかできなかったでしょう。

一生懸命努力しているし、自分でもなかなか良くやっていると思うのだけれど、物事がうまくいかない……そんなときは、そのままさらに努力しても意味がありません。

そんなときは、積極的に「引き算」で考えましょう。

あなたの中に、「おかしな音を出すトランペット奏者」がいないかをチェックする必要があります。この**引き算も毒出しのひとつ**です。

「引き算の法則」は、人間関係にもあてはまります。

良い友達がほしい、親友がほしい、素敵な恋人がほしいと悩んでいる人は、まず自分の周りの**好きではない人との付き合いをやめること**です。

新しい出会いを求めたり友達づくりに専念することも大切ですが、嫌な人と関わらないようにすることも同じくらい大切です。

キライなこと、憂鬱《ゆううつ》になることをできるだけ減らすと、人生の流れが良くなります。やらないという選択肢を設けましょう。

いろいろがんばって努力しているのに、うまくいかない、すぐに疲れてやる気がなくなってしまう……というあなたも、ライフスタイルの毒出しが必要です。

リセットのために必要な3つの毒出し

毒出しの重要性をお話ししてきましたが、具体的な毒出しワークをここではご説明いたします。

毒出しには、大きく分けて3つの分野があると私は考えます。

1、ココロの毒出し
2、カラダの毒出し
3、環境の毒出し

環境の毒出しとは、あなたの周りの住空間、住んでいる場所や部屋、またオフィスのデスク周辺の**掃除・整理整頓**のことです。

最初にココロとカラダの毒出しのため、家で気軽にできて、かつ効果の高い毒出しワークをご紹介します。

付属音源のトラック1を流すだけでも、毒出しの効果が期待できますが、音源を使ったワークでより効果を体感できます。

実践ピアノレイキで毒出し①

バスタイムに毒出し

付属音源のトラック1「ほほ笑む波間がピンクで包む　ありがとうでほら満ちていく」は、約15分の音源です。

このピアノレイキを利用して、あなたの家のバスルームで簡単に行うワークです。のぼせないように、無理をせずに休み休み、あなたのペースで行ってください。

半身浴で音符呼吸の毒出しワーク

1 下半身がつかるくらいの高さまで、バスタブにお湯を溜めます。
温度はぬるめが良いでしょう（気候によってお好みで調整してくださいね）。

2

粗塩をひとつまみ、湯船に入れます（少量でOKです。量が多ければ効くわけではありません。あまり入れすぎると、家によっては配管を痛めることがあるそうなので注意しましょう）。塩は、日本産のものが良いでしょう。外国産のバスソルトでも結構ですが、住んでいる国や土地でとれたものを使った方がデトックスの効果は高いです。

3

付属音源のトラック1「ほほ笑む波間がピンクで包む　ありがとうでほら満ちていく」を流します（防水のスマホを活用したり、浴室の近くにスピーカーを置いて流します）。

4

半身浴でお湯につかりながら、以下の呼吸を何度か繰り返します。

1・鼻から良い匂いのものを嗅ぐように（良い匂いを嗅《か》ぐように吸うと、深く吸うことができます）、ゆっくり吸い込みます（3秒くらい）。

2・吸えるだけ吸ったら、息を止めます（1〜2秒くらい）。

3・歯と歯の隙間《すきま》から、「シー」と音を立てながら、なるべくゆっくり少しずつ、口から息を吐き出します（なるべく長く）。

5

4の呼吸に慣れてきたら、今度はピアノレイキの音（音符）を、鼻から吸い込むイメージをしてください。息を止めている間に、カラダもココロもピアノレイキで満たされていきます。

6

吐くときは、口から音符がどんどん出てくるようなイメージをしてください。

その音符は、あなたのココロとカラダの不要なものたちをからめとって、空気中へとドンドン運んでくれます。そしてまた音楽の中に戻っていきます。吐き出したマイナスの波動は消えてなくなってしまいますので安心してください。


たった数回、この呼吸を行うだけでも、心身と波動の強力な毒出しになります。

特に、**今手に入れたいもの（健康、豊かさ、美しい肌など）があるのなら、それらとピアノレイキの音楽を吸い込むイメージ**をします。

吐き出すときも、具体的な何か（カチンときた同僚の態度、明日の面接の不安と緊張、腰痛など）を、音符にからめとってもらい吐き出すつもりで行ってみると良いでしょう。

下半身が
つかるくらいの
高さまで
お湯を溜めます。

鼻からいい匂いをかぐように、
ゆっくり吸い込む
※慣れてきたら、
音符を吸い込むイメージで

吸えるだけ吸ったら息を止める

歯と歯の間から「シーッ」
と音を立てながら
なるべくゆっくり少しずつ
口から息を吐き出す

吐くときは、
音符が不要
なものをか
らめとって、
口からどん
どん出てく
るようなイ
メージ

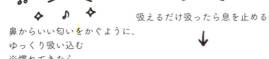

呼吸とイメージを取り入れたピアノレイキワークにより、強力な毒出し効果が期待できます。

波音、ピアノレイキ、塩の浄化の力、半身浴によるカラダの代謝の活性化、呼吸とイメージワークによる「気」の代謝の活性化、これら5点でココロとカラダの毒出しがしっかりできます。

お風呂でピアノレイキを聴くのが難しい場合は、音を吸い込む代わりに、自分のココロとカラダをイキイキと輝かせる「金色の光」を吸い込むイメージをしてください。

そして息を止めている間に、頭のてっぺんから足の先までカラダもココロもその金色の光で充分満たされるイメージをします。吐くときは、自分の中の不要なものが、黒い煙になってどんどん出ていくイメージをします。

無理に何かを準備する必要はないので、まずはあなたのできる環境で行ってみましょう。

環境の毒出しはとにかく「捨てる」

毒出しの残りひとつの分野、それは環境です。

実は、この環境の毒出しが一番重要だと私は考えています。

ココロとカラダの毒出しは、時に専門家の力が必要になるときがあります。

しかし、環境の毒出しだけは、自分一人でできますし、即効性があります。

あなたの環境、特に生活している部屋は、あなたのココロとカラダそのものを象徴しています。

環境の毒出しをすることで、ココロとカラダの毒出しが完了してしまうこともよくあるのです。

ココロが不調な、人生が滞っている方で環境の毒出しができている人はほとんどいません。

逆からの発想で、環境の毒出しをすることで、ココロの不調や人生そのものがぐんと改善した例をたくさん見てきました。

環境の毒出しを行うことであらゆることがリセットされて、すべての毒出しがうまくいった例は、他にも数え切れないほどです。私自身、環境の毒出しで劇的に人生が好転した一人です。


では、その環境の毒出しとはどうすればいいのでしょうか？

それは……「**不要なものを捨てきってしまう**」ことです。

掃除や整理整頓というよりも、とにかく〝捨てる〟ということに意識を向けてください。

真っ先に捨ててほしいのは、例えばこのようなものです。

- あまり調子が良くなかった時期に、着ていた服や、使っていたもの、当時の写真
- 良い別れ方をしなかった恋人から、もらったプレゼントや一緒に写っている写真
- 見ると不快な記憶がよみがえるようなもの

まず、これらはすぐに処分してください。

あらゆるものからは、波動（エネルギー）が出ていてあなたに影響を与えています。

毎日そこで過ごし、寝ている部屋や家に、このようなものがあると、そこから波動が伸びてきてあなたの波動に影響を与えます。

当時のつらかった思いのエネルギーが、あなたを引っ張って運気まで下げてしまいます。


よくあるのが、使っていないもの、不要なものを、キレイに段ボールなどに収納して押し入れの奥にしまっているパターンです。これも実は意味がありません。

たとえ目につかないところにしまっておいても、そこから出ている波動は箱や壁を越えてあなたに影響を与えます。実家にとりあえず置いておくのもいけません。あなたが忘れていても、潜在意識はすべてのモノを把握しており、波動は距離を超えてあなたに影響を与えます。


特に、新しい恋人ができない、出会いがないという人のほとんどは、昔の恋人のものをとっておいてある傾向があります。

もしも出会い運を加速させたいのなら、嫌な思い出がないものでも、昔の恋人を象徴するものは捨ててしまいましょう。

これは恋人にかかわらず、新しい人間関係や新しい職場を求めているときにもあてはまります。


古い自分を象徴するものを処分することで、新しい出会いが加速します。


私は、学校の先生を辞めるかどうか迷っているときに、思い切って今までの「学校の先生になるまでの自分」を象徴していたものを全部捨てました。

小学校一年生のときの教科書、ノート、作文や作品から、高校生の時の模試の解答まで、私はすべて捨てずにとっておいていたのです。

実家の押入れの段ボールに、キレイにしまってあったそれらは、一生懸命勉強してきた自分や、良い子だった自分を象徴するものでした。


そのときの私にとっては、次のステップに進むために、そんな昔の自分を清算する必要があったのです。

ものすごく勇気がいりましたし、捨てながら少し泣きました。

しかし、すべて処分した後、ココロとカラダは爽快感《そうかいかん》で満ち、その後から人生が劇的に展開していきました。

このように、「昔の感情のこもったもの」を捨てることの他に、次のものも捨てましょう。

- もう読んでいない雑誌、本、身に着けていない服や靴など、使っていないもの
- 「いつか使うかもしれない」と、とっておいてあるもの

「いつか使うかもしれない」という考えは、もうひとつのメッセージを含んでいます。**「私には必要なものが必要なときに手に入らない」という暗示**にもなってしまうのです。

自分の思考が現実をつくりますから、必要なときに必要なものが手に入らない未来が本当にやってきてしまいます。

思い切って手放すことは、「私は自分の未来を信用している」という強い暗示にもなるので、未来の展開が明るくなります。

両手に古い荷物を持っていたら、新しいチャンスをつかむことができないのです。

環境の毒出しをすると、**新しい人生の展開や、お金、人間関係、幸福の流れが呼び込まれてきます。**

思い切って、捨て去りましょう。

実践ピアノレイキで毒出し②
ピアノレイキを使って掃除をはかどらせる

いざ環境の毒出しをはじめると、30分くらいでどっと疲れてしまうことがあります。

不要なものは、ベタベタした重い波動（エネルギー）を持っているので、触ったり動かしたりするだけでもかなりのエネルギーと体力を使うからです。

まして、嫌な思い出のものはなおさらです。

そこで環境の毒出しも、付属音源のトラック1「ほほ笑む波間がピンクで包む　ありがとうでほら満ちていく」を流しながら行いましょう。ピアノレイキと波音が、**不要な波動を洗い流し、作業を助けてくれます。**

思い切って捨てるための決断も、手助けしてくれるでしょう。

ピアノレイキの効果で一度勢いがつけば、あとは楽しく、環境の毒出しが進むと思います。

このように、潔く、かつ、楽しく（ファニー）、ものを捨てられる〝キャラ〟を、私は**「捨てファニー（ステファニー）」**と呼んでいます。

私の勝手なイメージで、「捨てファニー」は、明るく前向きで、キビキビした（なぜかブロンドの）女の子です。

過去にしがみついたり、未来を不安に思って、ムダなものをとっておいたりしません。いつも「今、この瞬間」に集中しているので、本当に必要なものが何なのか、よくわかっています。

ピアノレイキはあなたが「捨てファニー」になるためのお手伝いをしてくれます。

環境の毒出しが面倒に思えたり、捨てるかどうするか迷うものがあったり、なんだかはかどらないとき……ピアノレイキを流し、あなたの中の眠っている「捨てファニー」を起こしましょう!

また、環境の毒出しができると、自然とムダな買い物をしなくなります。

いかに、自分が不要なものを買っていたかに気付くからです。一度環境の毒出しをしてしまうと、ムダ使いをしない体質へと変化します。

これなら毎日できる! トイレで毒出し

そんなこと言っても、どれも3日坊主で終わってしまう気がする……。

そんなあなたのために、毎日絶対にできる、本書オリジナルの毒出し法もお伝えしておきましょう。それはズバリ、「**排便、排尿を、意識しながら行う**」ということです。

どんなに面倒くさがりの人でも、トイレには行きますよね?

トイレに行ったら、「**今、自分の中の悪いものが、一緒にドンドン流れて出ている**」と**意識しながら用を足して**ほしいのです。

これは「気」からのアプローチです。

「意識する」とは、そこに「気」が流れることを意味します。

「気」は、体感覚が伴う状態が一番良く流れます。難しい修行をしなくても、**体感覚と意識が合致すると「気」が働き出します。**

トイレで用を足すときに、排泄物が自分の中から外に出ていくのは体感覚でわかりますよね。
この**排泄物に、疲れやイライラなども一緒に乗せると意識**をすると、それだけで「気」の力が働き、**とても効果の高い毒出し**になるのです。

「ついさっき上司に言われたショックな一言」、「電話に出ない彼に対するイライラ」、「急にわいてきた不安感」、「会議で溜まった疲れ」、「何もかもめんどくさいダルさ」……など、今感じている嫌な感情や、不快な部分はありませんか？

その具体的なものが「一緒に出ていく」と意識して、用を済ませてみてください。

排泄による体感覚でのスッキリ感とセットになって、ココロやカラダが軽くなってくると思います。

一度では実感できなくても、一日に何度もトイレに行くわけですから、その都度それを行うのです。

感情の変化は、わりとすぐに感じられると思います。

他には、シャワーを浴びるときに、洗面器でお湯をかぶるときに、カラダの表面を流れる水が、自分のストレスや毒素をどんどん流している、というイメージを持つのもいいですね。流れる水にも強い浄化の力があります。

ちなみに、とても疲れていたり、酔っていたりするときほど、そのまま寝てしまうのはやめましょう。

一日の疲れやアルコールの波動を、次の日に持ち越すことになります。

シャワーだけでも浴びることで、日中溜め込んだ不要な感情やエネルギーが流され、睡眠の深さ、次の日のスッキリ感が明らかに違ってきます。

意識して行うかどうかで、あらゆる行動の意味と効果が変わってきます。シャワーを浴びる、トイレで用を足すことひとつとっても、素晴らしいワークに変化するのです。

好転反応を恐れないで

なお、毒出しが起きると、**「好転反応」**というものが起こることがあります。

好転反応とは、文字通り、好転していく過程で起こる反応とされる東洋医学の考え方です。

あなたのココロやカラダに溜まった不要な波動、しこりが溶け出して、外に出ていくときに起こると考えられています。

その過程で、のどが渇いたり、鼻水が出たり、眠くなったりすることがあります。

この好転反応は表れ方には個人差がありますので、好転反応が起きたから毒出しができている、起きないからできていない、ということではありません。

好転反応を意識しすぎる必要はありません（好転反応自体がそもそも存在しないという考え方もあります）。

起こるかもしれないし、起こらないかもしれないし、起こったとしても、騒ぐほどではない、と安心していてください。

Chapter

2

雨～大地にグラウンディング

「グラウンディング」がなぜ大切なのか？

毒出しによって、あなたという「音」に雑音がなくなってきたら、今度は「ナチュラリング」のステップ2「グラウンディング」に取り組みましょう。

グラウンディングとはここでは、**地に足をつけ、気を落ち着けて、大地とつながりながら現実をしっかり生きる**ことの意味で使っています。

歌を歌うにも、楽器を演奏するにも、美しく鳴り響かせるための基礎があります。共通しているのは「姿勢」と「落ち着き」です。足をしっかり床につけて、どっしり構えることで、音に艶《つや》と力強さが宿ります。

落ち着いて演奏することで、**自分の魅力を最大限に発揮**することができます。

グラウンディングもこれと同じです。あなたの「音」があなたらしく鳴り響くための土台になります。

そして、あなたという「音」に力と輝きを与えてくれる芯《しん》にもなります。

オーラがキレイだとか、魅力があるとか、いつも素敵だとか、このような印象を周りに与えている人はこのグラウンディングがしっかりできている人たちです。


グラウンディングが強くなると、**「今」に集中できるようになります。**

イライラ、焦り、緊張、嫉妬《しっと》、などのマイナス感情に流されなくなり、**感情をコントロールできる**ようになっていきます。

無理をしてやり過ぎてしまうことが減り、他人を批判する気持ちが薄くなっていきます。

他人の目がだんだん気にならなくなり、**人の影響を受けにくくなります。**自分自身を尊重し、自分の意見を持ち、時にはノーと言う強さが出てきます。説得力や信頼感が増します。

どっしりとした存在感が出て、**行動ひとつひとつに結果が伴う**ようになります。そのため、本来の輝くあなたになれるのです。

グラウンディングは、「ナチュラリング」の3ステップ、毒出し、グラウンディング、ストリーミングの中でも一番重要だと私は考えています。

毒出しされたマイナスの波動は、グラウンディングができていると簡単に抜けやすくなります。

また、ストリーミングによる気の流れは、グラウンディングができているとよりスムーズになります。

天と自分と大地が一本につながって、気の通り道が生まれ、毒出しもストリーミングも活性化するのです。この章では、グラウンディングの大切さをしっかりお伝えしたいと思います。


付属音源のトラック2「しずくは大地へ　涙は空へ　べっこう飴《あめ》より、まあるい三日月」は、グラウンディングのための「ピアノレイキ」です。

ここでは、あなたの**グラウンディングを助けてくれる「雨音」**と共演しました。

雨はグラウンディングの象徴です。

そして雨の波動そのものである「雨の音」は、聴くだけでもあなたのグラウンディングをうながしてくれます。

後に、この曲を使ったワークもご紹介します。

その前に、あなたのグラウンディングをサポートしてくれる雨のグラウンディングの力についてお話ししましょう。

雨の日はキライですか？

温帯湿潤気候にあたる日本は雨量が多く、年間を通して雨が降ります。

雨だけでも、ザッとこんなに言葉があります。

春雨、五月雨《さみだれ》、梅雨《つゆ》、時雨《しぐれ》、長雨、小雨、秋雨、氷雨《ひさめ》……。

他にもまだまだ、たくさんあります。

私たちは、それぞれの季節や強さによる雨の特徴を感じ取り、雨を感じ分けてきたのですね。

他にも、雨に関係することわざや雨の歌など、数えればきりがないほどで、日本人は雨というものを繊細に感じ取り、味わってきました。

けれどもほとんどの人が、雨に対してあまり良いイメージを持っていないのではないでしょうか？

私の大好きなカーペンターズも「雨の日と月曜日はいつも憂鬱《ゆううつ》」と歌っているくらいですから、気持ちはわかるのですが、あなたが雨が嫌いな理由って何ですか？

おそらく、服が濡れる、傘が面倒、電車やバスでも気を遣う、靴が汚れる、運動会が延期になる、おでかけが中止になる、気温が下がって寒い、ジメジメしている……。

このように、濡れたり汚れたりすることの抵抗や、皮膚感覚の不快感、通勤や通学に支障が出ること、予定していた行事ができなくなることなどが原因で、雨そのものが悪いわけではないのではないでしょうか？　中には低気圧の影響で関節が痛くなる、という人もいるかもしれませんが、それも気圧の問題ですよね。

もしも雨の日を、まったく濡れずに、日常生活に何の支障もなく、不快を感じることなく過ごせるとしたら、どんな感じでしょう？

もし、あなたの半径1メートルくらいがまったく濡れない魔法が使えたとしたら、雨の日ってそんなに嫌ですか？

雨の日は、いつもの道が違った風景に見えませんか？

雨の日の空気は、雨上がりの空気以上に澄んでいます。

マイナスイオンにあふれており、深呼吸してみると、カラダがエネルギーで満たされるのを感じるはずです。

雨に濡れて喜んでいる木々、道路にできた小さな水路、空から舞い降りた何千ものしずくを眺め、潤った土の匂いを胸いっぱいに吸い込み、ピチャピチャと歌う雨音が優しくささやいてくる道を、濡れることなく歩けるのなら、こんなに最高の外出はないのではないでしょうか？

私たちは雨に濡れないことに必死で、傘を片手にバッグをしっかり抱えて、下を向いて歩いています。

濡れるのが不快だから、いつもは人が集まる公園も、人通りの多い道も、ひっそりしていますね。雨の日の景色の素晴らしさって、最近味わってみましたか？

雨の日が嫌なのは、雨そのもの、雨のエネルギーが原因なのではなく、雨によって起こる現代生活への支障が原因なのです。

私たちが勝手に迷惑がっているだけなのかもしれません。


しかし同じ雨でも、みんなから愛されている雨があります。

それは夏の日の「にわか雨」です。

夏の日のにわか雨が、あんなに気持ちが良いのはなぜでしょう？

それは、濡れても不快ではないし、長く続かないから移動や行事に影響が出ないし……。

気温も下がってかえってちょうどいいし、傘がなくても、ちょっとカフェで雨宿りでもすればやむし、良い息抜きにもなるし……。


私たちの生活に都合が良ければ、同じ雨でも気持ち良く思えてしまんですね。

でも、もともと雨というのは、気持ちが良くなるエネルギーをたくさん含んでいます。

雨は、気持ちを落ち着かせて「ほっ」とさせる波動を持っています。

雨は上から下へ、大地へつながるエネルギー

なぜならば、雨のエネルギーは**上から下へと流れ、舞い上がった気を落ち着かせてくれる**からです。

舞い上がったホコリと一緒に、空間のエネルギーも大地に降りていきます。

よどんだ街や大気を洗い流すシャワーの役目を果たし、**空間やあなたのエネルギーをすっきりさせ、落ち着かせます**。

雨は、上にあがったよどみを洗い、地球へと染みこみ、地中深くへと伸びていく唯一のエネルギーです。気を鎮め、もう一度大地とつながる手助けをしてくれます。

雨の日はなんだか落ち込むという人は、先ほどの理由以外にも原因があるかもしれません。

それは、**気持ちが「落ち込む」こととと、気持ちが「落ち着く」ことをどこかで勘違いしている**かもしれないということです。

気持ちが落ち込むというのは、鎖の外れた鉄球が底なし沼に沈んでいくように、「気」

がズブズブと沈み込んでいくことです。

落ち着くというのは、しっかり自分につながったまま、「気」が大地に降りていくことです。

落ち着いているときは、静かで穏やかな気持ちで満たされます。

雨の日はあなたのグラウンディングをうながすので、**晴れの日よりも、気が下にさがります。**

これが、人によっては、落ち込んでいるように感じてしまうようなのです。

気が下がると確かにテンションもさがりますが、それは悪いことではありません。

気分が「落ち込む」と「落ち着く」の違い

小学校の教室の黒板の上に、「あいさつする子　げんきな子　あかるい子」という標語などが貼《は》ってあったのを覚えていますか？

私たちは子供の頃から、常に元気で明るいこと、テンション高くあいさつのできることがいいことだ、と刷り込まれてきました。

なので、**ちょっとでも自分の気持ちがさがっていると、それは良くないことだ、と自分や誰かを責めるクセができています。**

特に学校の音楽の時間が顕著です。

あなたも音楽の時間に、無理やり大きな声を出して歌わされたことはありませんか？

私が音楽の先生だった頃、この「元気よく歌いましょう文化」には、とても悩まされました。

学校や保護者の方たちは、生徒が「元気よく、大きな声で」歌っているのを見ると、とても喜びます。メロディの美しい静かな歌まで、とにかく「元気よく」歌わせないと気が済まないのです。

私は、子供の頃からこうやって歌わされるのが大嫌いだったので、同じことを生徒にはさせたくありませんでした。

しかし外側の圧力によってやたらと元気に歌わせなければならないことに、悔しい思いをしたものです……。でも、この文化が通用するのは学校の中だけです。

プロのシンガーは、テンション高く、いつも元気よく歌っているわけではありません。

楽曲のスタイルによって歌い分けます。

特にジャズやボサノバを聴いてみてください。元気よく、気合を入れて歌っているシンガーがどこにいますか？

落ち着いた気持ちで、ソフトに歌うことも素晴らしいのです。

気持ちが高ぶっていることが、一番素晴らしいことではないのです。

ところが、元気が一番ということをすっかり刷り込まれてしまった私たちは、日常ちょっとでも気持ちが沈むと、これは良くない、と思ってしまいます。

確かに「気」は下へとさがっているかもしれません。

でも実は、**気持ちが落ち着いているだけで、決して落ち込んでいるわけではない**、ということが多々あるのです。それなのに、落ち着いて静かな自分を責めてしまうので、最終的には本当に落ち込んでしまったりします。

雨の日にテンションがあがらないのは、気持ちが落ち着いているからなのです。落ち込んでいるわけではありません。

雨の日に気持ちが落ち込むという人は、もう一度、自分の感情をよく感じてみましょう。いつもよりも気分がしっとりして、落ち着いて静かなだけなのではないでしょうか？

もしそうならば、それは良くないことではないのです。

「いつでも明るく元気よくしていなければいけない」は、学校で卒業しましょう。

雨の日に仕事や勉強がはかどった経験、みなさんはありませんか？

雨の日は、しっかり地に足をつけて、落ち着いて物事を冷静に考えたり、今の生活を振り返ったり、今後の目標や計画を立てたりするには最適な日です。

何かを決断するのにも向いています。

何か迷っていることがあったら、雨の日に考えてみると新しい視点が得られたりしますよ。

グラウンディングをうながしてくれる雨の日。

雨が好きになれそうな気がしませんか？

アタマにきても、ヒザにはこない理由

さて、ここでも質問です。

あなたは、「怒り」や「悲しみ」はカラダのどの部分で感じますか？

日本語はとても良くできています。

怒り↓「頭にくる」「腹がたつ」「ムカつく」

悲しみ↓「心が痛い」「胸が苦しい」「ハートがしめつけられる」


見事に、言葉が表してくれていますね。日常でも、自分の感情をどこで、どんなふうに感じるのか、私たちは言葉にしているのです。

ここには、共通点があります。

「マイナスの感情は、すべて上半身で感じている」ということです。

切なさや不安、焦りも、上半身で感じていると思いませんか？
緊張や恥ずかしさも、上半身がこわばる感じがしますよね。
怒りがヒザにきたり、悲しみを足の裏で感じたり、不安がふくらはぎをしめつけることは、ないのです。

これを「気」の世界から説明しましょう。

マイナス感情を感じるときは、あなたの下半身の「気」の流れが悪くなり、上半身で滞っている状態です。

「気」の流れが滞って頭に集まるから、「頭にくる」のであり、腹に集中するから、「腹が立つ」のであり、胸に集中するから「胸が苦しい」のです。

怒っている人を絵で表現しようとするときに、顔を真っ赤にして、頭から湯気《ゆげ》が出ているように描くと見ている人に伝わりますよね。あれは「気」の観点からも正しい表現です。

これは、グラウンディングがまったくできていない状態です。

グラウンディングができていると、**大地と自分がつながり、「気」が巡り、負の感情が**

大地へと抜けていきます。ちょうど電流のアースのような働きをします。「気」が、下半身にしっかり降りているので、〝おきあがりこぼし〟がどんなに揺れても転ばないように、安定していて揺らぎません。

一方、グラウンディングができていないと、感情が不安定になりやすく、気持ちの浮き沈みが激しくなります。風にあおられ流される風船のようです。いつもイライラしていたり、いつも悲しかったりして、自分の感情が自分でコントロールできなくなります。

これらの症状が思い当たる人は、グラウンディングが欠けていることを疑ってみる必要があります。

え？　喜びやワクワクなどの、プラスの感情はどこで感じるかって？

鋭いですね。**喜びや感謝、愛などのプラスの感情も上半身で感じます**。しかし、**このときはグラウンディングがしっかりできているのです**。

グラウンディングができていない状態では、喜びや愛、感謝を感じることができません。

なお、注意しなければならないのは、一見プラスの感情にあふれているように見える、躁《そう》の状態です。

躁状態もグラウンディングができていません。俗に言う、ハイになっている状態です。異常にテンションが高かったり、興奮したりしている状態を指します。

これも程度によっては注意したい状態なので、グラウンディングをして気持ちを落ち着かせることが必要になってきます。

グラウンディングができていないハイの状態やマイナス感情にあふれている状態だと、下半身に「気」が流れていないので、下半身が弱点になり、あなたという存在も、不安定で倒れやすくなります。

そうすると、誰かに「足をすくわれる」ことになったり、「足を引っ張られる」ことになったりします。

空回りする「スーパーカー」になっていませんか？

グラウンディングが外れると、いわゆる「空回り」をしてしまいます。これは、日常でもよく起こることです。

焦りや不安でいっぱいになり、試験勉強や、会議の準備などがはかどらなかったことはありませんか？

こういうときは、集中できないだけではなく、内容も頭に入らないし、アイディアやひらめきが浮かばなくなり、ただ時間ばかりが過ぎていきます。そうなるとますます焦って、そのうち自己嫌悪になってダメな自分を責めてしまったり……。

この原因はグラウンディングが外れているから、その一点だけです。

地に足がつけば、空回りすることなく、仕事も勉強もはかどります。

しかしせっかく準備がうまくいっても、本番でグラウンディングが外れてしまうと、力を発揮できなくなります。試験や会議で、実力を発揮しきれない、ということが起こります。

みなさんは、路上で歌うストリート・ミュージシャンを見たことはありませんか？思わず足を止めて聴き入ってしまった歌い手もいれば、まったく気にも止めなかった、むしろ聴いていられなかった歌もあったはずです。技術など細かい部分を除いて、これも奏者のグラウンディングが大きな原因です。

緊張しすぎていたり、演奏に迷いがあったり、聴いてほしい、想いが届かないと困る、といった焦りや不安からくる強い感情があったりすると、グラウンディングが外れます。グラウンディングができていないと、演奏や表現に説得力がなくなるのです。うわべだけの大騒ぎに聴こえ、相手に届きません。

同じように、結婚式の余興などで、見ていてなんだかこっちが恥ずかしくなる歯がゆい感じを覚える芸も、その演者のグラウンディングが外れていることが原因です。恥ずかしさや、不安と緊張などでグラウンディングが外れていると、説得力に欠け、見ている方も苦しくなります。

プロと素人っぽい人の差は、このグラウンディングが関係していると私は思います。

逆に、グラウンディングができているとプレゼンや試験、ステージなどの**本番でも実力が発揮でき、表現に説得力が伴います。**

根が張れているので**ふらつかずに自分を出し切ることができる**のです。

また、グラウンディングできていない例として、気になることがあります。

それは、スピリチュアルな世界にはまりすぎている方々です。

自己啓発や心理学、スピリチュアルな学びは、例えるなら、自分の人生の乗り物をバージョンアップするための学びです。

目的地を目指すための必要条件ではありませんが、とても役立ちます。

目的地にたどり着くのに、徒歩よりも自転車の方が速いですよね。

車だったら、雨風にもあまり影響を受けなくなるし、同じ車でも四輪駆動の方が坂道やデコボコ道に強いし、エンジンも馬力があった方が安心して進んでいけますよね。

知らなくてもいいことですが知っていれば、そのままだと今回の人生では間に合わなかった目標に、早い段階で到達することができるようになります。

しかし、ここで忘れてはならないことがあります。

どの乗り物も、**地面と接触しているからこそ前に進む**のです。

徒歩でも自転車でも、スーパーカーでも、1センチでも地面から浮いていたら、その場で空回りするだけです。燃料が減るどころか、下手をすると壊れてしまいます。

グラウンディングができていない状態とは、まさにこの状態でもあります。

文字通り、地に足がついていない状態なのです。

え？　飛行機ですか？　確かに浮いていますね。車よりも新幹線よりも速いですし。

でも離陸の前に、長い距離をしっかりと地に車輪をつけて滑走していることを忘れないでください。そして高く飛んだ後ほど、着陸に細心の注意が必要なことも忘れないでください。

どんな神秘体験や、スピリチュアルな力でもって人生の過程を飛んでいっても、最後は、かならず地に足をつけなければならないのです。

肉体を持つ三次元の世界に生まれてきた以上、この現実をしっかり生きることこそが大切な学びなのです。パワースポット巡りにハマったり、オーラや前世のことをやたら知りたがったり、霊的なものを気にしすぎたりすると、グラウンディングが外れます。現実をより良くするためにいろいろ取り組んでいるはずなのに、現実は何も変化しない、ということが起こります。まさに、浮いたスーパーカー。空回りしているのです。

その一方で、こういったことにはまったく興味がないのに、イキイキと人生を送っている人たちがたくさんいますよね。

スピリチュアルに詳しいことは、幸福の絶対条件にはなりません。目に見えない世界は、人生のメインディッシュではないのです。力を注ぐのなら、100あるうちの20くらいでちょうどいいのです。これが空回りしないためのポイントです。

依存もグラウンディングができていない証拠

以前、「彼女ができなくて悩んでいる」という男性と、とある会場でお話をしたことがあります。

なんでも恋愛の運気をアップさせ、ハイヤーセルフのご加護があるという、パワーストーンやらお守りやらを身につけていました。

満足そうに私に見せてくれましたが、両腕に、筋トレのための重りになりそうなくらい、何重にも石のブレスレットがついていました。首にぶらさがっているそれらのグッズも、肩こりの原因にならないのかな、と心配になるくらいの量です。

自分のオーラに足りない色である、〝オレンジ〟のカットソーと、ラッキーカラーの〝紫〟のスラックスについても説明してくれました。

確かに、そのグッズや配色には、何かしらの効果があるのかもわかりません。

しかし正直私は「う〜ん……」と、思いました。

せっかく背が高くて、笑顔も素敵な男性なのに、このセンスでは、逆に女性を遠ざけているな、と思ったのです。

これは彼の例にとどまらないのですが、ちまたにあふれるスピリチュアルグッズも、どうぞ、センスよく、身につけてください。センスのいいものを選んでください。

どんなに、その石やらグッズやら財布に、すごいパワーがあったとしても、**ダサイものは身につけたら運気が下がる**、と私は思います。色もファッションとして上手に取り入れてこそです。

だって、スピリチュアルにまったく興味がなくても、センスのいい男の子や女の子は、異性がほうってはおかないでしょう？

また、ブレスレットがないと不安になったり、出掛けられなくなったり、色のアドバイスがもらえないと、何を着てよいかわからなくなったりしたら問題です。

目に見えないものに頼りすぎたり、そういう力のある人に依存したりして、行き過ぎた行動をとったり、自分で物事を決断できなくなります。

こうなってしまうと、占いで見てもらわないと何も決められなくなったり、日取りや数字が良くないと行動できなくなったりします。

すごく体調が悪いのに、無理して方角の良いと言われる場所に出掛けたり、自分としてはやりたいことなのに、他人の意見に従ってやめることにしたりします。

人の目や意見、目に見えない世界やジンクスのことが気になりすぎて、それらに左右されやすくなります。

本来、一番重要な存在である自分がグラグラして力を失ってしまい、自分の外側の何かに寄りかかりはじめます。**他の人やものに依存してしまう**のです。

これもグラウンディングができていない状態です。

大地にしっかり根を張ることができなくなった、不安定な木のようです。

あなたの人生はあなたのものです。

そして、**あなたの意識は、どんなものよりも強い**と私は思います。

どんな運命や、霊的なものや、他人よりも、あなたの意識の方が強いのです。

あなたの人生において、あなたの意識や思いの力ほど重要なものはありません。

何かを選択するのにも、あなたの直感や意思の方が大切です。

インターネットの情報など周囲の情報は、確かに役立ちます。

しかし、自分の意思を曲げてまで誰かの情報を優先させたり、誰かの賛成を得られないと行動するのが怖くなることは、依存のひとつであり、グラウンディングが外れている状態です。

今、この瞬間を、あなたの人生を、あなたの意思で、あなた自身がしっかり歩くためにも、グラウンディングは大切な要素です。

グラウンディングをしっかりさせて、自分の意思で立つ力を取り戻しましょう！

実践ピアノレイキでグラウンディング①
地球とつながり「今この瞬間」に力を取り戻す

付属音源のトラック2の、雨音とグラウンディングをうながすピアノレイキが入った「しずくは大地へ　涙は空へ　べっこう飴より、まあるい三日月」を聴くだけでも、グラウンディングは強くなります。

ここではさらにグラウンディングを強化するためのワークをいくつかご紹介します。

はじめに、体感覚でグラウンディングする方法です。

これは非常に力強く、即効性のあるテクニックです。


ちなみに、音源に入っている雨音のイメージは、冷たい雨ではありません。

例えば、バリやハワイの南国で降る、**あたたかくて気持ちの良い雨**です。花や木々を潤し、果物を甘く実らせる、そんな優しい雨です。

この優しい雨の雨音だと思って聴いてくださいね。

地球とつながるグラウンディング・ワーク

1

付属音源ピアノレイキのトラック2を流します。

スピーカーからでもヘッドフォンからでも、どちらでもかまいません。

2

ひざをゆるめて楽に立ち、足を肩幅程度に軽く開きます。

両足が並行になるようにしましょう。

3

頭上から雨粒&音符が染みこむイメージをしてください。
その雨音がハートを通り、おへそから約指3本分下にある臍下丹田《せいかたんでん》に流れ、足の先まで流れるイメージをしてください。あなたのカラダが、雨音で満たされていきます。

4

頭のてっぺんから染みこんで、足まで伝って降りてきた音符と雨音が、今度は足の裏から、地球の中心に向かって流れていきます。音符と雨音が地球へと、どんどん染みこんでいきます。

5

とても深いところに地球の中心があると思って、ずっと遠くまで音符と雨音を染みこませ、届けましょう。いつの間にか、あなたと地球が、「音符と雨音の流れる道」でつながります。

6

地球の中心が、あなたが届けてくれた音符と雨音で、プルプルにうるおって、とっても喜んでいるイメージをしてください。

あなたも地球も、あたたかくて優しい雨のうるおいとピアノレイキに満たされて、とても気持ちがいい、そんな感覚を味わいましょう。その間も、あなたを伝わって、音符と雨音がどんどんあなたと地球に流れ込んでいきます。

7

充分にイメージし、味わったら、終了です。
慣れてきたら、ゆったり腰を下ろして行ってもかまいません。

ここで注意してほしいのが、「思い込み」でイメージしていないか、という点です。頭の中だけで、地球の中心に音を響かせても、本当のグラウンディングにはなりません。グラウンディングのためのテクニックでよくあるのが、漠然と「地球とつながるイメージをしましょう」という方法です。しかしこれだけではグラウンディングにはなりません。これは思い込みのグラウンディング、というまったく効果のない状態です。

何が違うのか？　それは「体感覚」です。
実際の感覚を伴って、皮膚感覚やカラダの中の感覚と一緒に行う必要があるのです。

体感覚が伴っているときは、本当に地球に引っ張られるような感覚を覚えます。カラダの中があたたかくなるときもあります。

また、視界が広くなったように感じられたり、スーっと何かが下半身に降りていくような感覚を味わったりする人もいます。気持ちが落ち着き、どっしりするような充実感を感じることもあるでしょう。静かなやる気に満たされることもあります。

イメージだけではなくカラダの感覚に意識を向けて行うことが大切です。

付属音源を聴きながら行うことで、あなたが体感覚に集中するのを助けます。最初は時間がかかりますが、慣れてしまえば数秒でできるようになります。

このワークが、難しく感じる方は、まずは足の裏を意識するだけでも充分です。靴下や床の感触、靴底の感触など、足の裏に触れるものを感じてみる、ズボンやストッキングの繊維を感じてみるのもいいですね。

それも難しい方は、歩きながら、自分の足首が動く感じを味わってみるのも良いでしょう。実際に、自分の下半身のどこかに手を置いて、その部分を意識するのもいいですね。

付属CDトラック2を
聴きながら頭上から
雨粒と音符がしみこみ
カラダが雨音と音符で
満たされるイメージを
する

あなたのカラダを
満たす雨音と音符が
足裏から地球の中心
に向かって
どんどん流れていく

地球があなたの届けた音符と雨音で
ブルブルにうるおって
喜んでいるイメージをする

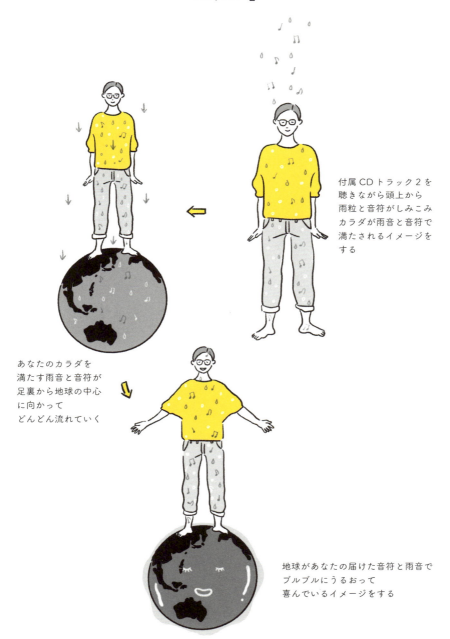

イライラや悲しみなど不快な感情がわいてきたら、下半身に意識を置く。

これをまずはやってみましょう。

グラウンディングを確かめる方法

ワークをしてみて、本当にグラウンディングできているのか、確かめる方法があります。

誰かに、肩のあたりをポンと押してもらうのです。

グラウンディングができていると、グラつかず、ずっしりした感じがあり、倒れません。

できていないと、簡単に動いてしまいます。


これをやってみると、押された人よりも、押す人の方が驚きます。

グラウンディングができているときは、**相手のカラダが重く、本当に大地とつながっているかのように揺らがない**からです。


今度、電車に乗るときに、つり革につかまらずに立ってみてください。

このときに「地球とつながるグラウンディング・ワーク」をしてみると、電車の揺れがだいぶ平気になりますよ。

周りの人がよたよたしても、自分だけはグラつかないのを実感できると思います（ただし、ヒールのある靴ではなかなか難しいかもしれませんね）。

落ち着いている人というのは、まさに**「気」が下半身へと落ちて地についている人**なのです。

落ち着いている人が、どっしりして見えるのはこのためです。

落ち着きがない人、ソワソワしていたり、怒っていたり、悲しんでいたり、緊張していたりする人は、その逆で「気」が上にあがっていますから、ポンと押すと、簡単に押されてしまいます。

格闘技で相手を挑発するシーンを見かけますが、相手の挑発にのって怒りがわいてくると、グラウンディングが外れます。

そうすると、簡単に投げられてしまう状態になります。挑発も、一種の技なのです。

実践ピアノレイキでグラウンディング②
不安や悲しみが襲ってきたら五感集中ワーク

グラウンディングは、五感に集中することでも強くなります。

五感とは、視覚、聴覚、嗅覚《きゅうかく》、触覚、味覚のことです。

グラウンディングとは、この現実世界に地に足をつけること、つまり、三次元を生きる自分の肉体をしっかり意識することでもあります。


不安や悲しみの感情がわいてきたら、ためしに**目の前のモノを観察**してみてください。

例えばコップがあったら、コップの形、色を見て、触って感触を味わい、指ではじいて音を出してみたりして、とにかく五感に意識を向けるのです。

浮かんでくるさまざまな頭のおしゃべりをやめて、ひたすら五感に集中します。

だんだん気持ちが落ち着いてくるのがわかるはずです。

ピアノレイキを積極的に集中して「聴く」のも効果があります。

五感を積極的に使う趣味は、グラウンディングに最適です。

私はスノーボードをしますが、冷たい空気や山の匂い、雪の感触を味わっているとき、スピードに乗って滑り降りているときは、完全に五感に集中しています。

フラワーアレンジメントで作品を作っているとき、花の色や茎の肌ざわり、配置やデザインに思いをめぐらせていると、グラウンディングができている自分を強く感じます。

スポーツや、音楽、美術などの芸術、創作などは、五感に集中するのに最適です。


ただ、読書など思考がメインのものや、テレビや映画の観賞などは、ここではおすすめしません。

グラウンディングには、受身ではなく、能動的に五感を使うことが望ましいからです。

そんなこと言われても、特に何をしたら良いかわからない……。

そんなあなたのために、毎日できる、グラウンディングのための五感集中ワークをご紹介します。

これなら毎日できる！　食事でグラウンディング

誰もが毎日食事をとります。これは五感に集中する絶好のチャンスです。

ほとんどの人が食事のときに、「次は何をしようか」とか、「あの書類はどうしよう」「さっきの彼の一言はひどい」……など、考えごとをしています。

あるいはテレビやスマホを見ながら食べる人もいますよね？

あなたは、食事に本当に集中している時間がどのくらいありますか？

食事のときに、**料理の味（味覚）はもちろん、色どり（視覚）、香り（嗅覚）、食感や温度（触覚）に充分意識を向けて食べてみてください。**

たとえおにぎりひとつでも、充分に五感に集中していただくのです。

最初は、せいぜい2分くらいしか集中できないかもしれません。頭の中で他のことを考えはじめたり、何か違うことに気をとられたりしてしまうでしょう。

それでもかまわないので、気付いたらまた五感に集中して食べる、ということを意識してみてください。この繰り返しが、あなたのグラウンディングを強化します。

また食事は、**その土地や場所に慣れるためにも大切な要素**です。

その土地や場所に根を下ろし、慣れるためには、その土地や場所のものを食べるのが一番効果的です。

ベトナムのホーチミンに初めて旅行に行ったときのことです。

今、急激に発展を遂げているその土地は、建設ラッシュのための工事があらゆる場所で行われ、道の端から端までバイクが埋め尽くし、渋滞していました。

クラクションが鳴りやまず、道を渡るにも日本とは交通ルールが違うために、なかなか渡れないという状態でした。おまけに炎天下です。暑さと騒音、交通のストレスで、初日から途中で気持ち悪くなりダウンしてしまいました。

2日目も慣れないまま、それでも夕食は少し遠出をして、現地の人たちが集まるレストランに行きました。そこで**現地の人たちが食べている食事をしました。**

とても美味《おい》しく、満足して、また来た道を戻りホテルへと向かいました。

すると、すぐに大きな変化に気付きました。

あんなに気になっていた騒音が、まったく気にならないのです。

おまけに、バイクで埋め尽くされた道を堂々と渡ることができ、途中クラクションで追い立てられたりしても全然動揺しない自分がそこにいたのです。

一緒にいた友人も、自分たちのこの変化を感じて驚いていました。

そう、現地の食事を食べたことで、その土地に足がついた、つまりグラウンディングができたのです。**その土地の波動に自分の波動が根ざした**のです。

結果、現地人に近い状態になり、今まで苦痛だった文化の違いや環境のストレスを感じなくなってしまったのです。

それまではホテルの中や、観光地での観光客向けレストランでの食事だったので、ホテルや観光地には慣れたものの、ホーチミン、という街そのものには、グラウンディングすることができていなかったのです。

その後の日程を終日エンジョイできたことは、言うまでもありません。

もし、あなたが受験や面接を控えているのなら、その前から、ぜひその学校の学食や社内食堂で食事をすることをおすすめします。

よそ者であるあなたの波動が、その学校や会社に根を下ろします。グラウンディングが促進されます。緊張がほぐれ、なんだか馴染《なじ》む感覚を覚えると思います。

その結果、本番でも緊張しなくなり、本来の力を発揮できることでしょう。

また、住みたい土地があるのなら、そこに出向いて、その土地のレストランを利用したり、その土地でとれた食べ物を食べたりすることをおすすめします。

そのうちに、その土地に呼ばれるように、引越しや移動などの動きが起こるでしょう。ある意味、波動の共鳴現象ですね。

ホームシックに襲われたり、転勤先が馴染めなかったり、そんなときも意識的に、その土地のもの、その土地で調理されたものを食べるようにしてください。

あなたの住んでいる土地の波動に同調しグラウンディングするきっかけにもなるので、食事を意識してみましょう。

Chapter

3

川〜流れをつくるストリーミング

せせらぎの音はあなたのストリーミングをうながす

毒出しとグラウンディングによって、あなたという「音」が輝きだしたら、今度は「ストリーミング」に取り組みましょう。ナチュラリングのステップ3ですね。

ストリーミングとは、あなたの**ココロとカラダの「気」の流れを整え、「気」を運び、運気をあげて人生の流れを良くする**意味で用いています。

音楽の美しさは、流れにあります。止まらず、雄大に、堂々と流れていく旋律に、私たちは感動を覚えます。

滞りなく流れる美しいメロディは、安心や信頼に満ち、ココロとカラダを包み込んでくれます。途切れ途切れでは、いくら美しい音が鳴っていても、意味がありません。

ストリーミングはあなたという「音」がメロディになって流れ出すために必要です。**運気を高めて、夢を叶え、歩みたい人生を生きるための流れを整えてくれる**のです。

次々に夢を叶えていく人、いつもやる気に満ちている人、何もかも恵まれて幸せそうに見える人たちは、ストリーミングがしっかりできています。

付属音源のトラック3「せせらぎ　ささやき　キミ　きらめき」は、ストリーミングに有効な「ピアノレイキ」です。

ここでは、あなたの**ストリーミングを助けてくれる「川のせせらぎの音」**と共演しました。

川はストリーミングの象徴です。

水には悪いものを流し、良いものを運んでくれる働きがあります。太古の文明が大きな川のそばで栄えたのも、そんな川の働きがあったからです。

川の波動そのものである「せせらぎの音」は、あなたのココロとカラダにダイレクトに響いて、聴くだけでストリーミングをうながします。

後ほど、この曲を使ったワークをご紹介します。

その前に、あなたのストリーミングをサポートしてくれる水の流れの力についてお話ししましょう。

流れる水はよどまない

川に象徴されるように、水は「流れる」という性質を持ちます。

そして、水は流れを止めたときに死んでしまいます。バケツに水を汲《く》んで外に置いておくと、特に夏場はあっという間に腐ってしまいます。

一見、水が溜まっているように見える美しい湖や池も、必ずそこに水の出入りがあり、流れがあるからこそ美しさを保っていられるのです。

流れのないただの貯め池は、すぐによどんでしまいます。

私は、中国茶が好きで中国茶の勉強をしています。

先生が面白いことを話してくれました。

中国では昔から、お茶を淹《い》れるときには、汲み置きの水ではなく、清水などの流れている水を必ず使うように、と教えるのだそうです。

「流れを止めた水は、『気』が入っていないため、死んでしまっています。ですから、ペ

ットボトルに入って売られている水よりも、浄水器を通した水道水の方が、美味しいお茶を淹れることができます」と教えてくれました。

もちろん、ヨーロッパ産のミネラル濃度の高い硬水はお茶に不向きです。

しかし、お茶に適していると思われる、日本の軟水で名水と言われるペットボトルの水よりも、東京の水道水の方が美味しいお茶がはいるというのです。

そして、実際にお茶を淹れてみると、本当に、東京の水道水で淹れた方が美味しいお茶がはいるのです。

たとえ浄水器を通したとしても、日本の名水として販売されているような水と東京の水では、品質の上で比べものにならないはずです。

しかし、**つい先ほどまで水道管を流れていた水道水の方が、詰められて流れなくなった水よりも、水の命、「気」という観点から考えると充実しているの**です。

その水の「気」が、繊細な中国茶の味と香りを引き立てる重要な役割を果たすのでしょうね。

赤信号だとイライラするのはなんで？

川は、水が流れているあの〝川〟だけではありません。

私たちの外側では、「時間」という川が流れています。

そして私たちの中には、「命」という川が流れています。

この**「流れる」という性質は、私たちにとっても、非常に重要な要素**なのです。


ちょっとイメージしてみてください。


その1、あなたはバスに乗っていて、ものすごい渋滞に巻き込まれています。

バスはちょっと進んではしばらく止まり、また少し進んではしばらく動かない……ということを、繰り返しながら目的地を目指しています。


その2、あなたはバスに乗っています。ものすごい交通量です。

しかし車は流れていて、かなりゆっくりではあるもののバスは止まらずに目的地に向かっています。

どちらのバスも同じ時刻に目的地に到着するとしたら、あなたは、どちらに乗りたいですか？　どちらがイライラしませんか？

ほとんどの人が、ゆっくりでも止まらずに進むバスの方に乗りたいのではないでしょうか？

これを「気」の世界から説明しましょう。

私たちが何かの目的を掲げたときに、私たちの「気」は、その**目的に向かって流れ始めます。**

このとき、**一番ストレスになるのが、その流れを止められること**なのです。

信号待ちが、イライラする理由はここにあります。

自分の「気」は目的地へと向かって流れているのに、信号などの障害物によってカラダが止められると、それによって「気」の流れも強制的に止められます。

これがストレスになっているのです。

「気が早い」人は余計にイライラします。

「気が早い人」とは、自分の「気」が、意識を向けた方に素早く勢い良く向かう人なので、流れを止められるストレスも人一倍強いのです。

ゆっくりでも、止まらないのなら、そちらの方が「気」は良く流れます。

いくら素早い流れでも、途中で止まってまた流れることを繰り返されるよりは、**ゆったりでも流れ続ける方が、ココロもカラダもラク**なのです。

だから人間にとって、自分が目指す目的に向かう流れを止められることは、とてもストレスになります。

待ち合わせで待たされている、あのたったの5分が、あれほどイライラするのも同じ理由です。これらは、ストリーミングが滞っている状態です。

ストリーミングがうまくできなくなると、ココロもカラダもどっと疲れます。

結果が出せたとしても、ものすごい努力と気疲れをしながらやっとたどり着いた、ということになりかねません。

気がなくなると運もなくなる

「気」の流れがせき止められると、**その「気」は漏れはじめます。**川の流れをせき止めると、水が横に溢《あふ》れてしまうのと同じです。

物質である水と違って「気」はエネルギーそのものですから、**一度漏れてしまうと、そのままなくなってしまいます。**消耗していきます。

先ほどのバスの例のような渋滞が続くと、だんだん嫌になって、目的地に到着する前にぐったりしてしまいますよね。

消耗した「気」は、元の流れに戻ってくることはありません。

それでも「気」がまだ残っているのならいいのですが、あなたの中を流れる「気」が完全にせき止められたままだと、いつしかそれらはすべて漏れてしまいます。

すると、何が起こるでしょうか？

流れの止まった汲み置きの水には「気」が入っていないように、**あなたの中の「気」もなくなってしまう**のです。

これが、**「無気力」**という状態です。

何もしたくない、何も考えたくない、そんな状態になります。

流れが止まると、**流れによって運ばれていたものも止まります。**

情報や人間関係、仕事や恋愛といった人生における新しい展開やチャンス、出会いが訪れなくなります。

運気は「気を運ぶ」と書きますが、気が運ばれなくなるので、運気が滞り、さがります。運が悪くなるのです。

そして、ますますあらゆることが滞り、無気力に拍車がかかります。

気が病むと病気になる

何もしたくない、何も考えたくない。そんな無気力が続くと、そんな自分が悲しくて、情けなくて、ますます無気力になっていきます。

頑張ろう、立ち直ろう、という思いがまだあったとしても、カラダがついてこない、気持ちがついてこないのです。

本来の自分が望むことやココロの声を無視して、**自分自身の本当の意思の流れに逆らったり、強いストレスを受け続けても、ストリーミングが滞ります。**

あなたの中をストリーミングする気の川が機能しなくなります。

ストリーミングが止まってしまったことに気付かず、何の対処もしないと、ココロやカラダを病んでしまいます。

病気とは、本来の「気」の機能が病んでしまうことでもあるのです。

流れの止まった水が「気」を失い、腐りはじめ、透明な液体が黒くよどみ、異臭をはなちはじめるのと同じです。

ストリーミング不足によるよどみが、他人に向かう人もいます。
腐った水の悪臭が、周囲にたちこめていくように、彼らは、人を傷つけます。
言葉や力の暴力で人を傷つけたり、器物を破壊したりします。

ストリーミングの滞りは、なんとしてでも避けたいですよね。
ストリーミングワークで気の流れを取り戻しましょう。

気が漏れる2つの原因

ストリーミングの活性には、まず「気」が漏れていくのをなくすことが第一です。
この「気」の漏れ方には、2種類あります。

1、「穴が開いて漏れる」場合
2、「せき止められて漏れる」場合

まずは1番目の、「穴が開いて漏れる」場合から見ていきましょう。

日常を生きていると、どうしてもやらなければならないのに、やっていないことってありますよね？

例えば、「電球を取り替える」「切れた電池を買ってくる」「歯ブラシを買い換える」「薦められた本を読む」「寝具のシーツや枕カバーを取り替える」「お礼のメールを出す」「健康診断に行く」「歯医者さんに行く」「靴底を打ち直す」「とれそうなボタンを縫い直す」「クリーニングに出した衣類を取りに行く」「何年も使っているバスマットを新しくする」「毛玉のついた下着を新調する」「書類を書いて郵送する」……。

などなど、他にも上げればキリがないでしょう。

これらには、共通していることがあります。

①急ぎではない。
②生死に関わる問題ではない。
③でも気になっていて、やらなくちゃいけない。

ということです。

つまり優先順位としては最後の方で、先延ばしがいくらでもできるのだけど、ずっとひっかかっている、そんなことです。

これらの**「やらなきゃいけないこと」が溜まってくると、「気」が漏れはじめます。**

しかも、本人のあまり自覚のないところで、ジワジワと漏れはじめるのが怖いところです。

ホースに小さな穴が開いていて、少しずつ、でも確実に水が漏れていくようなイメージです。

ホース内の水圧が下がり、流れも悪くなります。

実践ピアノレイキでストリーミング①「やらなきゃいけないことリスト」を作る

最近やる気が出ない、運が悪い、そんな人はまずこの**「やらなきゃいけないことリスト」作り**をしてください。

その際、「今はやらない」と決めることも、やらなきゃいけないことを現時点で完了させることになります。

すべてを完結させせなければいけないわけではありません。「やらなければいけない」とどこかで引っかかっていて、モヤモヤしているのが漏れの原因になるので、「今はやらない」と決めれば漏れは止まります。

運気の漏れを防ぐ「やらなきゃいけないことリスト」の作り方

1

付属音源のトラック3「せせらぎ　ささやき　キミ　きらめき」を流します（スピーカーからでも、ヘッドフォンからでもどちらでもかまいません）。

2
紙に「やらなければならないのに、やってないこと」を書き出します。

3
2の中から、まずは取り掛かりやすいものを〝ひとつだけ〟やってみましょう。

4
3を繰り返し、リストのやらなきゃいけないことを済ませましょう。

5
できないこと、気が乗らないことは「今はやらない」と決めることで完了させます。

ストリーミングの気で満ちたピアノレイキを流すだけで、リストの作成がスムーズになり、それを実行に移すための順番やアイディアまで浮かんでくると思います。

リストができたら、それらをできるだけ早く済ませましょう。

最初は面倒かもしれません。そんな時はトラック3を聴きながら取り組んでみましょう。

ピアノレイキが行動をサポートします。

まずは作ったリストの中でも、**取り掛かりやすいものをひとつだけ**、やってみてください。少し気分が良くなるはずです。

なぜかというと、**穴がひとつふさがり「気」の漏れがなくなったから**です。

流れの圧力が少し戻り、ストリーミングが良くなったのです。

そうしたら、次に取り掛かりやすいものを、またひとつだけやってみてください。

そのうちに、スピードが出はじめた自転車のように、あなたの中に「活力」が戻ってくるのを感じられると思います。

リストに書かれた内容がほとんど完了する頃には、ストリーミングが活性化しているでしょう。

以前よりもココロもカラダも軽く、気力に満ちているはずです。

実践ピアノレイキでストリーミング②「やりたいことリスト」を作る

では次に、「せき止められて漏れる」場合を見ていきましょう。

これは、102ページの渋滞や赤信号で待たされている例でお話しした通りです。

人間は、行きたい、やってみたいと思うと、そこに向かって「気」が流れはじめます。
しかも、そのものへの想《おも》いが強いほど、強く「気」は流れはじめます。

あなたは、**「やりたいことだけど、お金と時間ばかりかかってなんの生産性もないから」**と頭で考えて、やっていないことはありませんか？
夢というほど大きくはないし、やろうと思えばできるのかもしれないけれど、いつかできたらいいな程度で、**まだ取り組んでいないこと**はありませんか？

旅行かもしれませんし、憧《あこが》れのレストランでの食事かもしれません。
ピアノを習うことかもしれません。
久しぶりに友人とお茶をすることかもしれません。
部屋に花を飾ることかもしれません。
映画館に足を運ぶことかもしれません。
……このような、どんな些細《ささい》なことでもかまいません。

あなたが今、気になっていること、やってみたいことは何でしょう？

私の場合は、茶道とフラワーアレンジメント、ダンス（ヒップホップやハウス）を習うこと、が真っ先に浮かびました。

けれども、別に茶道のお稽古《けいこ》なんてやらなくても生活に困らないし、プロになるわけでもありません。それに、フラワーアレンジメントの勉強なんてしたって、時間のムダだと思っていました。

特にダンスのような習い事は、若いころにやらないと身につかないものだと思っていましたから、レッスンなど今さら受けたところで一体何になる？

そんな思いでどれも行動には移していませんでした。

興味はあるしやりたいけれどやっていない、という状態が何年も続いたのです。

本音は動きたがっていたのに、頭でそれを止めていたのです。

ストリーミングを意識するようになって、これらのやりたかったことを少しずつはじめてみました。渋滞で止まっていたバスが少しずつ動き出した。そんな感じです。

するとどうでしょう。**これらとはまったくつながらないはずの仕事や人間関係、お金の流れがどんどん良くなり、欲しい情報が入ってきたり、気になっていたことが自然と解決**

したりするようになったのです。

茶道のお稽古で知り合った人が助けてくれた、といったように直接的に何かがあったわけではありません。

やりたかったことをはじめたら、ストリーミングが活性化して、私の「気」の流れが良くなり、運気があがったのです。

あなたがやりたいことは、どんなに小さくてくだらないと思えることでも、あなたのストリーミングをうながします。

おおげさなワクワクを求めなくていいんです。小さな、ちょっとやりたいことを大切にしてください。

運気が上昇する「やりたいことリスト」の作り方

1

付属音源のトラック3「せせらぎ　ささやき　キミ　きらめき」を流します（スピ

ーカーからでも、ヘッドフォンからでもどちらでもかまいません）。

2

紙に思いつく限りの「やりたいこと」を書き出します。

3

浮かばない人、ある程度、出尽くした人は、以下の質問に答えてみてください。

- 時間もお金もたっぷりあるとしたら、何をやりたいですか？
- あと1年の命だとしたら、何をやりたいですか？（3年、1ヶ月、1週間、など期間を変更して考えてみましょう）。
- 子供の頃好きだったことは何ですか？　いつのまにかやらなくなってしまった好きなことはありませんか？

4

ひと通り書き出したら、今すぐできる小さな一歩を、それぞれ考えてみましょう。

- 例「ピアノを習いたい」

↓　インターネットで教室を探してみる。

↓　好きだったピアノCDを久しぶりに聴いてみる（このように、直接ピアノを習うことにつながらなくても、気軽にできるピアノにまつわることで、できることも考えてみましょう）。

5

早速今日から、できそうなことをはじめていきましょう。

好きなことをするだけで、気の流れが良くなって、運気も健康も心の状態も良くなります。

やらないとストリーミングは滞ります。しかも、**ゼロではなくマイナスになってしまう**のです。

忙しいから、お金がもったいないからといって、自分の「やりたい」を削ると、結果、ますます時間もお金も流れが滞ります。運気もさがります。

とにかく、まずは小さなことからでいいのです。

富士山に登るのにも、最初の一歩があるように、どんなにスケールの大きなことでも、そのための小さな一歩があるはずです。

旅行に行きたいのなら、パンフレットをもらってくることからはじめましょう。

お花が好きなら、まずは小さなブーケを買ってみましょう。

生活や将来に結びつかず生産性がないと思えることでも、小さな「やりたい」を実行してください。

だんだん運気が良くなり、ラッキーなことが起こりはじめますよ。


やりはじめはものすごく腰が重いと思います。

やる気も出ないし、面倒臭く感じると思います。

しかし、それでも行動することが、ストリーミングをうながす一番の解決策です。

一度止まった自転車は、こぎはじめが一番大変です。

ペダルも重いうえ、なかなか進みません。安定もしませんから、転びそうになります。諦めたくなります。

しかし、もう一度動き出せば、思ったよりも早くこの状態から抜け出せます。


もしここで、新たにこぎだすのを完全にやめてしまうと、どうなるでしょうか？

自転車を使わないでしばらくほうっておくと、やがてサビがつき、ハンドルが動かなくなり、何もしていないのに、いつの間にかパンクしていたりしますよね。
完全に止まった状態が続くと、自転車はどんどん痛んでいきます。

「流れ」というものは、「流す」ことでしか回復しません。

虫歯と一緒で、ほうっておいても自然に良くなることはないのです。

努力はいりません。**ただ、あなたの小さな「やりたいこと」をやるだけ。**

それだけであなたの中のさびついた自転車も回りはじめるでしょう。

実践ピアノレイキでストリーミング③「自分の方向性がわかる」ワーク

リストはできたけど実行する気にならない、やりたいことは浮かんだけれど腰が重い、やるべきことが多すぎて何から手をつけていいのか、まず何をしたらいいのかわからない……。

こんな方のために、**方向性が見えてクリアになり、やるべきことに集中できるワーク**をご紹介します。

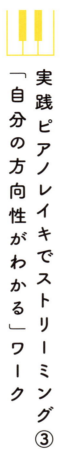

月曜日の朝など、**日々のリズムに乗り切れないとき**にもオススメです。

せせらぎの音の泡でカラダをナデナデ！

1

付属音源のトラック3「せせらぎ　ささやき　キミ　きらめき」を流します（スピーカーからでもヘッドフォンからでも、どちらでもかまいません）。

2

ピアノレイキから流れるせせらぎに、自分のカラダが包まれるイメージを持ってください。ちょうど、せせらぎの音の膜や、音の石鹸の泡が、あなたをふんわり包むイメージです。

3

両手を使い、頭のてっぺんから足の先まで、ゆっくり、あるいは素早く、自分の好きなように、好きなリズムで、カラダを撫《な》でてください。

撫で上げたり、撫で下ろしたり、カラダの前や横、楽に手の届く好きなところで良いので自由にやってみましょう。せき止められてよどんだ川をお掃除するように、自分のカラダを撫でていきます。せせらぎ音の泡でカラダを洗うようなイメージもいいですね。

慣れないうちは、頭から足までゆっくり撫で下ろし、今度は足先から頭へ撫で上げ、交互に数回繰り返すことをおすすめします。

4

慣れてきたら、呼吸も意識してみましょう。撫で下ろすときは、息を吐きながら、撫で上げるときは息を吸いながら行います。

ここでも、せせらぎの音を、吸い込んだり吐き出したりするイメージは、より効果を高めます。

どう撫でたらより良いのか、とか、途中で途切れたらダメなのか、とか、細かいことは気にしなくて大丈夫です。座ってでも、立ってでもかまいません。

慣れてきたら、撫で上げたずっと先、頭の延長にまでエネルギーの川が流れていって、撫で下ろしたときは、足のずっと先までエネルギーの川が流れていくイメージをしてみるのもいいですね。聴こえてくるせせらぎの音を意識してみましょう。

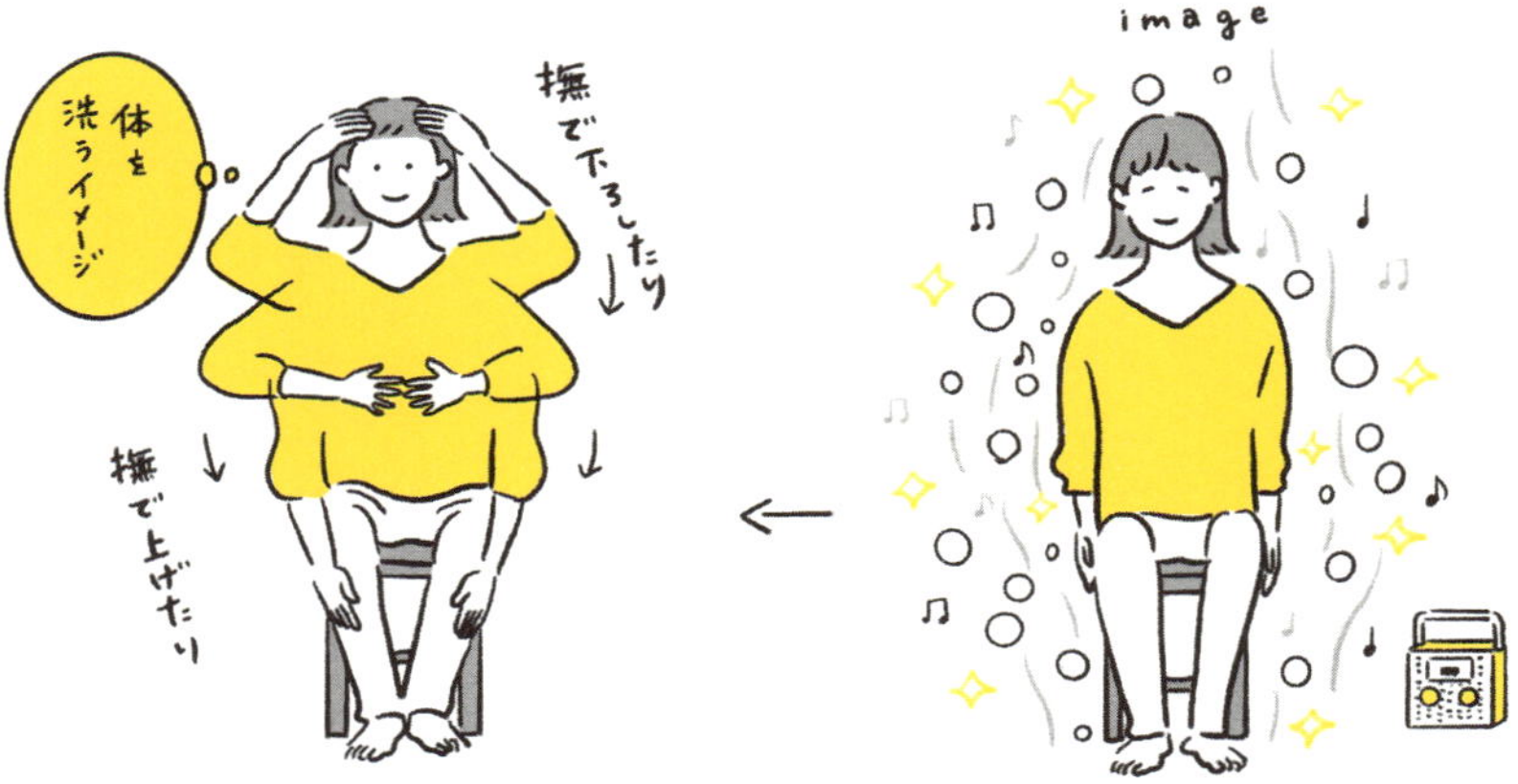
体を洗うイメージ
撫で下ろしたり
撫で上げたり
image

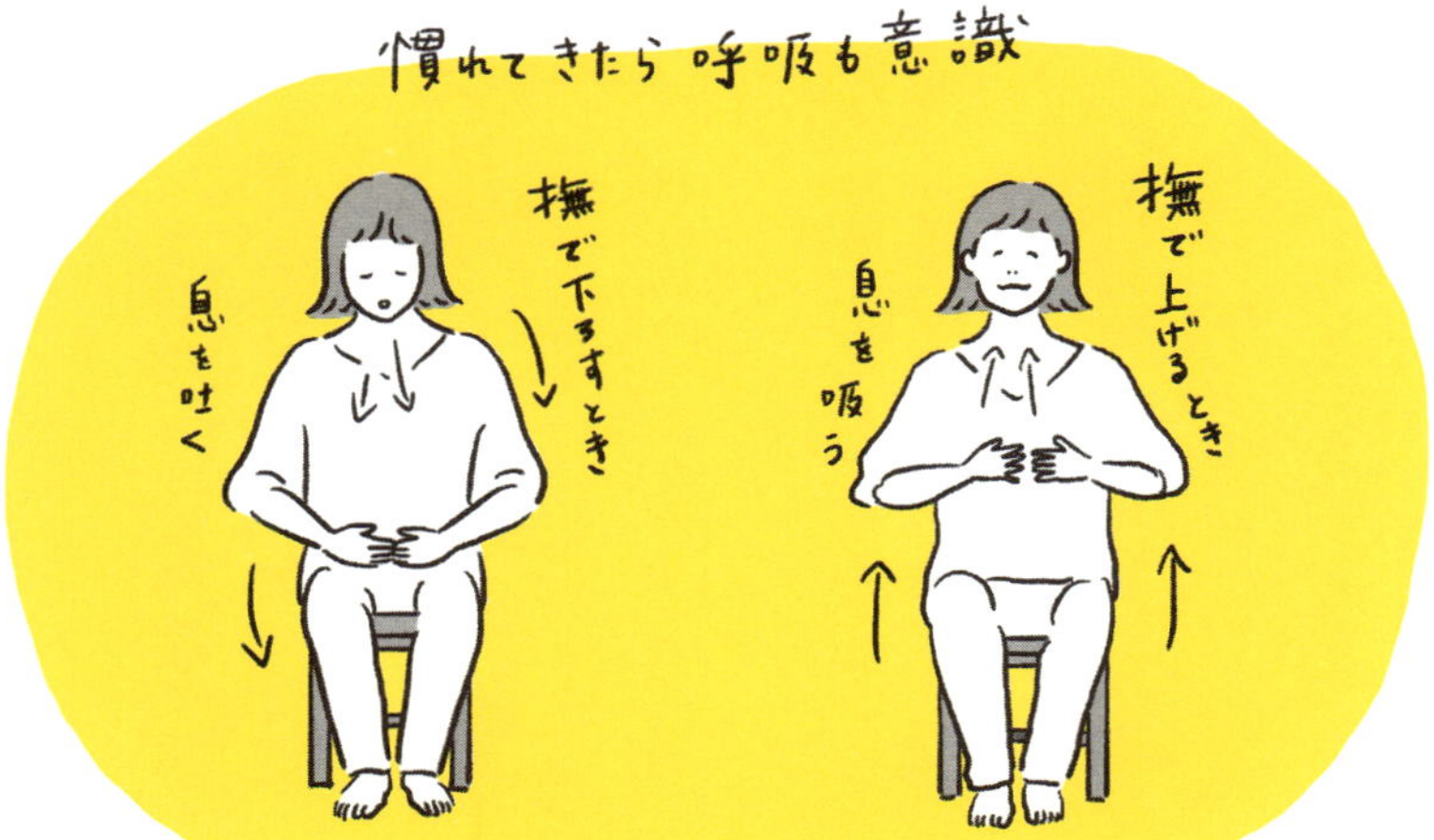
慣れてきたら呼吸も意識
息を吐く
撫で下ろすとき
息を吸う
撫で上げるとき

撫で上げたときはそのまま万歳するように体を伸ばして、撫で下ろしたときはダランと脱力してみるのもおすすめです。

腕だけ、足だけ撫でる、でもいいですよ。

難しく考えず、好きなように自分のカラダをナデナデしてあげてください。

大切なのは、プロのエステティシャンになったつもりで、大切なお客さまに施術するように、**優しく、丁寧に、撫でてあげること**。

大事な恋人に触れるように、いとおしい気持ちで、自分のカラダを撫でてあげてください。

あなたという魂の乗り物である肉体に、たくさんの感謝を感じながらナデナデしてあげてください。

服の上からでも充分ですが、直接皮膚に触れるとより良いでしょう。

バスタイムに行うのもおすすめです。

本当に石鹸でカラダを洗うのです。音に包まれているイメージを持ちながら、スポンジやタオルを使わず、直接手のひらで自分をいたわりながら洗ってください。あなたのストリーミングがどんどん活性化します。

「気」というのは、ただ手で撫でるだけでも変化するのです。

そのくらい人の手には、誰にでも気の流れを整える力が備わっているのです。

これなら必ずできる！　ハミングでストリーミング

もうひとつ、必ず誰でも簡単にできるストリーミングのテクニックをお伝えします。

それは**「ハミング」**です。

そう、あの鼻歌のときにやる、口を閉じて鼻を鳴らして音を出すハミングです。

みなさんは最近、いつハミングをしましたか？

子供の頃以来ハミングなんてしていない人もいれば、さっきまで自転車に乗りながらハミングをしていた、なんて人もいるでしょう。

実はこの**ハミングには、ストリーミングを強烈に活性化する力がある**のです。

その力は3つの秘密からできています。

1、波動を変える力
2、骨導音による気の活性化
3、御みこしの法則

では、順にご説明します。


動物も植物も無生物も、色や文字も、あらゆる存在は波動の要素を持ち、音に置き換えられます。それぞれが固有の波動、固有の音を持っています。

その中でも人間は幅広く**自分の波動を変える**ことができます。

その力のひとつが、「**歌**」です。


歌うためには、さまざまな音を出すことが必要です。

声帯をコントロールしながら、さまざまな音を自在に出して歌えるのは人間だけです。

これは、自分の音を変える、つまり自分の波動を変える技術でもあります。

ストリーミングのできていない状態は、あなたという「音」が一定のところで変化せずに停滞している状態です。

あなたの声で、あなたの「音」を変えて気の流れを良くすることができるのです。

歌やハミングで自ら「音」を出すと、自分の波動、つまり「音」を変える力を肉体が思い出します。

歌を歌うと気持ちが良くなり、スッキリ元気になるのは、発散だけではなく、**自ら出した声という「音」によって急激に波動が高まる**からだと私は考えます。

歌うことはストリーミングにとても有効なのですが、発声によっては喉を痛めてしまいますし、場所を選ばないとなかなかできません。

歌詞を選んだり思い出したりするのも面倒ですよね。

また、学校で刷り込まれたおかしな発声や、歌に関する嫌な思い出がある人もいるでしょうから、歌を歌うというのは、人によっては気軽にできないものだったりします。

そこで、ハミングなのです。

ハミングは、どんなに大きな音を出そうとしても、発声の構造上、喉を痛めることがほとんどありません。ハミングで怒鳴ることはできないでしょう？

これは声帯に無理をかけられない証拠です（もちろん、大きな音のハミングはしなくていいです）。

それにハミングは誰にも気付かれないくらいの小さな音でできますから、**場所を問いません**。

歌詞も思い出さなくていいですし、息を長く吐くことができる発声なので、**自然と呼吸も深くなります**。歌の先生によっては、ハミングの練習を徹底的に指導する方がいるくらいです。ハミングは喉にも呼吸にも良いのです。

では、ためしに周りの人に聴こえないくらいの小さな音で、ハミングしてみてください。

誰か横にいてもらって実験するとよくわかるのですが、自分としては大きな音のハミングでも、周りには聴こえていないことが多いのです。

小さな音でハミングしようと意識したら、ほとんど周りには聴こえないと思います。

なぜ自分のハミングはよく聴こえるのに、周りの人にはあまり聴こえないのでしょう？

それは、**自分には「骨導音」がよく聴こえるから**です。

　これが２つ目の秘密です。


骨導音とは骨を伝わって聴こえる音のことです。

普段、私たちの耳は空気を伝わって聴こえる音を認識していますが、自分の骨を伝わってくる音も聞くことができます。

自分の声を録音して聴いてみると、自分の声じゃないみたいでイヤ！　という方、多いですよね。これは骨導音が原因です。


あなたの耳は、自分の口から出て空気を伝わって聞こえる声と、骨を伝わって聞こえる声の両方を聴いています。

このあなたにしか聞こえない骨導音は、あなたの声を豊かに響かせ、魅力的にする力を持っています。

録音した声というのは、トレーニングを積まない限り、骨導音はほとんど入っていません。空気を伝わっている声だけです。

なのでみなさんショックを受けるんですね。こんな変な声じゃない！　と。

実はこの**骨導音は、とってもエネルギーの高い音、つまり波動の高いエネルギー**なんです。聞いていると、ストリーミングが活性化し、「気」の流れが良くなります。

あなたにしか聞こえない自分の声の方が魅力的なのも、この骨導音のエネルギーの高さゆえなのです。

骨導音は、自分で生み出すことのできるエネルギー源と言ってもいいくらいです。

ハミングは、骨導音でカラダを満たすのに最適な方法です。歌でも良いのですが、訓練を受けていない人は、歌うことよりもハミングの方が、骨導音がよく響きます。

ハミングのパワーの最後の秘密は「**御みこしの法則**」です。

今までの人生の中で、思わずハミングしてしまったとき、ありませんでしたか？　それはどんなときでした？　何が起きたときだったのでしょう？

ハミングを自然としているときというのは、ストリーミングが活性化しているときです。ストリーミングが活発だと、思わずハミングが出てしまう、とも言えます。ココロとカラダの気の巡りが良いために、鼻歌のひとつも出てきてしまうのです。

悲しみや怒りで震えているとき、無気力で落ち込んでいるときに、思わずハミングしてしまう人はまずいないでしょう?

行動とココロ、動作と気の流れはつながっています。

例えば、ワッショイ、ワッショイと御みこしを担ぎながら、深刻に悩むことはできませんよね。下を向いて肩を落としながら大爆笑するのも、なかなかできないものです。

逆に、ワッショイ、ワッショイ御みこしを担いでいると悩みも吹き飛びますし、視線を上げて胸を張ってみると、自然と気分が明るくなってきます。

ハミングは気軽にできる「御みこし担ぎ」みたいなものです。

ストリーミングが活発で気分が良いとハミングが出てくるのなら、ハミングすることでストリーミングを活性化し、気分を良くすることもできるのです。

これはやった人にしかわかりません。

バカバカしいと思わず、素直にハミングしてみることです。

今度マイナスの感情に襲われたら、ハミングしてみましょう。

憂鬱や無気力が続いている人は、今すぐハミングしてみましょう。

自分の大好きな歌のメロディでもいいですし、最近耳に残ったコマーシャルの音楽でもいいですし、学校で習った童謡でもいいです。

なんでもいいので、ハミングしてみましょう。


ハミングの素晴らしいところは、なんの道具もなしに、場所を選ばず、あなたの意思さえあれば今すぐにできることです。

つらくて起き上がれないときは、そのままベッドの上で横になって休みましょう。

しかし**落ち着いてきたら、だまされたと思ってその場でハミングしてみましょう。**

まずは何か一曲通してハミングしてみてください。

サビだけでもいいです。音程なんて気にしないでください。誰に聴かせるわけでもないのです。

ハミングで歌い終わる頃には、ストリーミングが活性化しているでしょう。

少しだけかもしれません。しかし、少しでも元気になったのなら、さらにハミングしてみましょう。

この繰り返しで、あなたのストリーミングはどんどん活性化し、「気」の流れを取り戻していくことでしょう。

Chapter

4

自宅で今すぐできる
実践レイキ初公開

なぜ私は「レイキ」を選択したのか

私がレイキを選んで実践してきた理由は、**レイキは誰かに依存することなく、自己完結ができる「気（エネルギー）のワーク」**だからです。

せっかく身につけても、誰かに頼らないと効果が出ないのでは、自立して、自分の人生を自分の力で変えることができなくなります。実際にスピリチュアルや目に見えない世界のことや関係者に依存してしまう方も少なくないのですが、レイキは誰にも依存せずに自己完結して行うことができる気のメソッドです。

複雑な修行や師匠の指示を仰ぐ必要もなく、簡易で特別な道具を必要としないことも魅力のひとつです。

西洋圏でかなりメジャーであるのも魅力です。

私の経験上、**気（ki）やエネルギーの話をするよりも、「レイキ」と言った方が海外では伝わりやすく、かつスピリチュアルやヒーリング関係者でもなんでもない、一般の方でもレイキを知っている人が驚くほど多く、興味を持っている人も日本よりも多い**印象を抱いています。

実際、欧米や南アジアの私の友人たちや周囲の方々も、心理学にもスピリチュアルにも興味がないのに、レイキはなんとなく知っている、受けたことがあるという人がとても多いのです。これには私も驚いています。

それゆえに、日本発信のレイキが世界でもっと受け入れられる可能性を肌で感じており、日本で誕生したレイキを、日本人の私が実践し、広めることに大きな意義を感じています。私たちが知らないだけで、レイキは日本人として誇れる、世界でもメジャーな気のメソッドなんです。

皮肉にも、レイキは日本よりも海外でより受け入れられているのを感じます。

では、なぜ日本ではあまりメジャーになれないのでしょうか。

「レイキは怪しい」と言われてしまう残念な背景

レイキは世界に誇れるメソッドにもかかわらず、日本では怪しいものとしてとらえられがちです。

霊気（レイキ）という漢字の字面から抵抗感を覚える人も少なくありません。

ここでの「霊」は、「霊峰富士」で使われる方の霊で、「あらたかである」の意味ですが、心霊や霊的なものに誤解されがちです。

カルトや怪しい宗教的なものだと思われることもあります。

なぜでしょうか。

ひとつは、**レイキが密教の流れを汲んでいること**にあります。

密教の教義とは関係がないのですが、内容の一部にマントラや記号を使う呪術《じゅじゅつ》的な（陰陽師のような）要素が入っており、そこを強調して喧伝《けんでん》されると明らかに怪しいものだと感じます。

東洋の神秘に憧れた西洋人が、やたらと神秘主義的な内容を付け加えてしまっているレイキのジャンルもあるため、日本でもその流れを汲んだレイキのスクールや指導者が原因で、レイキに抵抗を感じている方は少なくありません。

気の流れを良くするというレイキの本来の姿に、オーラやハイヤーセルフや、ニューエイジ、スピリチュアル、心霊的な要素を詰め込みすぎて、レイキをやたらと神秘的・オカルト的に扱ったり、レイキを受講させるために、脅かすようなことを言ってレイキをすすめてくるのを聞いたことがありますが、とんでもない間違いです。

そしてもうひとつの大きな打撃は、**手のひらをかざして相手を治癒させるスタイルで活動している宗教団体の影響**です。

この団体により一昔前は街角で、通行人をキャッチして、「手のひらを当てさせてください」という勧誘行為がありました。これらの影響で、「手のひらを当てる」という行為にアレルギー反応を示す方は多くいらっしゃいます。

本来であれば、誰でも今すぐに使えて、さわやかに実践でき、気軽に気の流れを整えることができるメソッドなのに、逆輸入後、この40年でいろんな人の思惑が絡み、ややこしいことになっているのが現状です。

さらに、オウム真理教の事件なども引き金となり、カルトや宗教的な気配が日本人はとても苦手です。現状のレイキの打ち出され方に毛嫌いをされる方は多く、私も同意します。

なぜ、ピアノ＋レイキなのか？

レイキの怪しいイメージを払拭《ふっしょく》して、かつもっと気軽に「気」を日常に取り入れることができないだろうか。そんな試行錯誤からピアノレイキは生まれました。

ピアノの調べに乗せて、聴くだけで、そして聴きながらワークをすることで、難しい気の仕組みやレイキのセミナーを受けなくても、レイキを体感できるようになる、気の流れが良くなる。それをピアノレイキは叶《かな》えてくれます。

目には見えないもののエネルギーそのものである音楽は、同じく目に見えない「気」ととても相性がよいのです。シンセサイザーの怪しいヒーリング音楽ではない、ピアノの音色によって気の流れを整えるのもポイントです。

「忙しい毎日の中でも気軽に、さわやかに実践できる」

「うさんくさくない」

「オカルトや宗教っぽくない」

「だけど確かな効果を体感できる」

これらを目指し、ピアノレイキが誕生しました。

おしゃれなイメージが定着した「ヨガ」

見事に垢抜《あかぬ》けて世界に広まった気のメソッドがあります。

それが**「ヨガ」**です。

日本でも35年ほど前までは、ヨガといえばインドの浅黒いおじいさんが、ぐねぐねと怪しいポーズをしているイメージでした。１９９０年代に流行ったゲーム「ストリートファイターズ２」の「ダルシム」がまさにそのイメージです（わからない方は検索してください）。ヨガフレイムを出してしまうような、そんな怪しいイメージのものがヨガだったのです。

ところが２０００年代に入ると、宗教的な要素が排除されたヨガが、アメリカ、ヨーロッパ圏を中心におしゃれなエクササイズとして爆発的にブームになります。

健康・運動・柔軟性向上・ダイエット・気の流れが良くなるという、**ヨガで起こる結果**

に注目し、ポジティブなところだけを取り出して、ヨガをエクササイズのひとつとしてとらえることで、宗教色と怪しいイメージが一気に払拭されました。

マインドフルネスも同様で、仏教からくる瞑想の訓練を、宗教的な要素を排除して、瞑想の効果のみに着目してマインドフルネスがヒットしました。

このように、**レイキも怪しいものを一切払拭して、レイキがもたらしてくれる結果だけに注目すれば、もっと多くの人に届くことでしょう。**

私もそれを目指しています。

「気」が感じられなくてもOK！

気のメソッドにおいて、気の流れや、気そのものを感じなければいけないというような風潮がありますが、その必要はありません。レイキも同様です。

気を感じることが目的なのではなく、**気の流れを整えることで心身と人生の流れをよくする**という結果のほうが大切です。

ところが気を感じることがゴールになってしまい、そこにこだわり、人生を良くしていくという本来の目的を忘れてしまっている方が非常に多いのです。

オーラが見えても神秘体験をしても人生は良くならない

レイキを通して神秘体験をしたい方は多く、またスクール側も、レイキを使って前世やオーラや目に見えないものが見えて感じるようになるとうたっているところがたくさんあります。

私がそうした方々に聞きたいのは、「オーラが見えて、前世が見えて、その結果あなたの人生が良くなるのですか？　幸せになれるんですか？」ということです。

仮に空中浮揚ができるようになっても、あなたの人生は良くならないと思います。空中浮揚で目の前の問題は解決されません。ところが神秘体験こそが、人生を変革させる魔法になると思っている人は少なくありません。

繰り返しますが、**気を感じたり、オーラを見たり、ハイヤーセルフや守護霊と会話できたところで、なりたい幸せな人生にはつながりません**。目的を履き違えないでください。気は感じられなくていいし、余計な神秘体験はいりません。

ピアノレイキで変わる一番すごいことは人生を変える情報が自然とキャッチできること

私が長年「気」を学び、実践する中で、ある重要なことに気づき、今はそれを一番重要視しています。それは「気とは情報である」ということです。

レイキをはじめとする気のメソッドは、リラックス、自律神経の安定、心身の改善やヒーリングのために使われてきましたが、私が一番注目すべきだ思っているのは、いつもの人生を変える、なりたい自分になるための（普段はキャッチできない）情報が、気によって運ばれてくるという点です。

気とはエネルギーであり、エネルギーとは言い換えると情報でもあるのです。

例えば赤色というエネルギーには赤色という情報が含まれており、それを眼球がキャッチして赤色として認識します。「しょっぱい味」というのも舌がキャッチしたエネルギーに含まれる情報です。

一方で、私たち人間の目に見える色や聞こえる音には限界があります。ただし、人間には聞こえない、見えないから存在しないということにはなりません。光のスペクトラムは赤に始まり紫までの虹《にじ》色で表されますが、赤色の外側にも光線や色があります。ただし人間はその色を認識できません。

これには赤外線という名前がついています。赤外線は見えないものの、あたたかさを体感できます。さらに赤外線の先にもエネルギーは存在し、それは私たちが見えないのはもちろん、感じることもできません。しかし存在しています（紫外線の先のエネルギーも同様です）。

その見えない感じないエネルギー（気）の中に、みなさんの人生をより良くしていく情報が含まれているのです。

気の流れを良くして有益な情報を受け取れる体質になろう

レイキで扱う「気」も、人間には感知できない周波数帯のエネルギーなのですが、このエネルギーの中に、**みなさんの人生を変えていくために必要な情報、つまり何をしたら自分の人生がより良くなり、願いが叶い、より充実して生きていくことができるのか、という情報**が含まれているのです。

問題を解決するために、人生をより良くするために、具体的に何をしたらいいのか、という情報が気の中に含まれているのです。

その情報をキャッチできるようになるには、自分のカラダに気を流してあげる必要があります。**カラダに気を通してあげることで、カラダがその情報をキャッチし、いつもの人生を抜け出して、次に進むにはどうしたらいいのか、今の悩みを解決するにはどうしたらいいのか、ということへの答えを自分でキャッチできるようになるのです。**

思うようにうまく人生が展開していかないのは、いつもの情報をもとに、いつもと同じ行動をしているからです。いつもと同じ行動からは、いつもと同じ結果しか生まれません。いつもの人生を抜け出して、もっとなりたい人生を歩むには、いつもとは違う行動をしないといけません。

しかしながら、その「いつもと違う行動」とは何なのか、何をしたらいいのか、何から手をつけていいのかわからないというのが現実ですよね。

その「情報＝何をしたらいいのか」をズバリ、レイキの実践で得ることができるようになっていきます。ここに私は注目しています。

ピアノレイキは気休めのヒーリングや癒しではない

実際に、レイキによって腰痛が治ったという例を見ると、レイキそのもので改善した場合もあるのですが、レイキによって、自分の腰痛と相性のいい先生という情報をキャッチして、先生が見つかって、その結果治ったというような、運ばれてきた情報によって解決していることが多いのです。

腰痛だけではありません。問題を解決したい、叶えたいことがある、なりたい自分に近づきたいといった、自己実現と問題解決のための情報が、気の流れを整えることで自然とキャッチできるようになるのです。

気の流れが良くなると、情報をキャッチできるようになり、使い古された言葉かもしれませんが、直感が冴えてきて、シンクロニシティが増えます。

何より、思いもしなかったアイディアや、願いを叶えるためには次に何をしたら良いのかということが、このあとで紹介するピアノレイキワークの実践中に浮かぶようになってくるのです。

それを実践すると、人生がとたんに動き出します。チャンスもつかめるようになります。

レイキもピアノレイキも気も、気休めのヒーリングや癒しのメソッドとして扱われてきましたが、本当にすごいところは、この情報の部分なんです。

レイキは誰の手も借りずに今日からできる

レイキ関連の本はたくさんありますが、レイキの効果や体験談、歴史、やり方を説明するだけで、レイキを使えるようになりたいという肝心の答えは、「この続きを知りたければセミナーにきてください」でした。

ちょっと騙《だま》された気分ですよね。

ここで明言してしまいますが、**レイキは習わなくても使えます**。

人間なら誰でも手のひらから気が流れていますし、気の流れに個人差はあるものの、誰の体にも気が流れているからです。あえてセミナーでやり方を正式に学ばなくても、レイキはできます。セミナーに参加しなくても、自分で取り組むうちに気の回路も少しずつ開いていきます。

例えるなら、ヨガと同じです。

ヨガの映像を見ながら、自宅のリビングで自分でポーズをとっても、それはヨガとして成立するし、練習するうちにうまくなりますよね。さらに上を目指したい人だけが、ヨガのスクールで学べばいいのであって、自宅で一人で行っているからヨガの効果が出ないということにはなりません。

レイキも同じで、スクールで学ばないとスタート地点にも立てないなんてことはありません。本書でご紹介するピアノレイキワークを実践して、今日からレイキを体感してください。付属の**ピアノレイキ音源が、あなたの気の巡りを助け、手のひらからの気の流れ、全身の気の流れを整えるお手伝いをしますから**、安心してください。

本書で初公開！　習わなくても今すぐにレイキができる「ピアノレイキワーク」

私がレイキを選んだのは、依存せずに自己完結で気の流れを整えることができるからです。よって私が一番重視しているのが、セルフヒーリング、つまり、自分自身に自分で手を当てることです。

レイキが素晴らしいのは、自分に手を当てるだけで気の巡りが良くなることです。ピアノレイキを聴きながら、自分に手を当てる。これだけで、人生を変えるための情報が流れてくるようになります。その結果、人生が動き出します。

感情の浄化、不定愁訴の改善など、ココロとカラダの分野で改善を感じる方、人生が楽になっていく方はもちろん、人生をよりよくしていくために、何をしたらいいのかという情報をストンとキャッチできるようになっていきます。

付属音源のピアノレイキを聴きながら、セルフヒーリングに取り組んでもらいますが、そのポイントをご紹介します。

1

手の形は、指をゆるくそろえて丸めた形です。手は脱力すると自然に丸まります。その状態です（152ページのイラスト参照）。

2

ピアノレイキを聴き心地のよい音量で流しながら（スピーカーからでもイヤフォンでもOK）椅子かソファにゆったり腰掛けます。深く座り、背もたれにもたれます。足は組まずに、かつ床から浮かないようにしましょう。椅子を使わない場合は、あぐらをかいて行ってもかまいません。その際は壁にもたれるとやりやすいでしょう。

3

横になって行ってもかまいませんが、寝てしまうと効果を感じづらくなります。ただし、安眠や寝つきを良くしたい、深く眠りたいなど、睡眠を改善したい場合には寝ながら行い、そのまま寝てしまってください。

これから「毒出し」「グラウンディング」「ストリーミング」のピアノレイキワークをご紹介しますが、実践しやすいものに取り組んでください。1日2分、1つのポジションだけでもいいので、毎日実践できるとベターです。忙しい人は移動中、入浴中、寝る前など、隙間時間に行う工夫をしましょう。

可能な方は、**毒出し5分、グラウンディング5分、ストリーミング5分**で合計15分などのように、3つの項目を全て行えるとベストです。

あるいは、各曲1曲（15分）で1つのポジションに取り組み、**毒出しを2週間、グラウンディングを2週間、ストリーミングを2週間**などのように、ローテーションを組むのもいいですね。

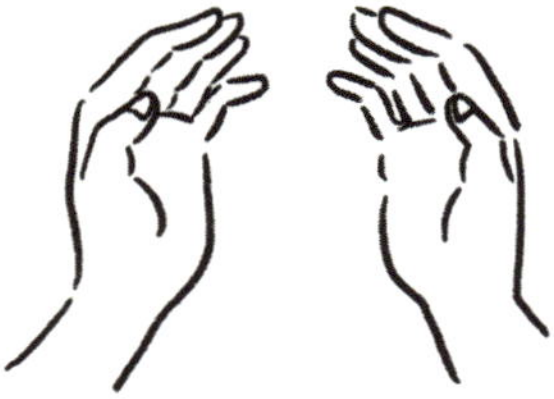

一番大切なのは、気軽に実践し、続けることです。やり方にこだわらず、気付いたときに、ピアノレイキを聴きながら、どこにでもいいから手を当てるという気軽なスタンスからまずは実践してください。自分が心地よく感じる範囲で、長さ、行う時間と場所を決めてください。

ピアノレイキワーク「毒出し編」

気の流れをせき止めている感情や波動の不純物は、上丹田《かみたんでん》に溜まります。胸の骨のしたのみぞおちのあたりです。そこに手を当てて、心身と波動の不純物を毒出ししていきます。両手を重ねても、交互にずらして当ててもどちらでも良いので、楽な姿勢で行います（157ページのイラスト参照）。

トラック1の毒出しのピアノレイキを流しながら行います。

最初は2〜5分ほどを目安に始めてください。1日に一度でいいので、なるべく毎日行うようにしましょう。夜寝る前やお風呂に入りながらなど、習慣化できるとベストです。

慣れてきたら1曲終わるまで15分間続けます。15分以上長く行っても問題ありません。ただし、無理せず心地よい長さで行います。

無音でもかまいませんが、ピアノレイキを聴きながら行うことで、手のひらからより「気」が出るようになっていきます。

ピアノレイキワーク「グラウンディング編」

移動中でもできるセルフヒーリングが、グラウンディングのポジションです。トラック2のピアノレイキを活用してください。

座った状態で、足の付け根のそけい部や、腿、膝に手を当てます（157ページのイラスト参照）。

場所は少しずつずらすなどして、まんべんなく行ってください。ヒザや腿《もも》から下半身の気の流れを良くすることで、全身に気が流れていきます。

ヒザに当てているときは、ヒザからふくらはぎへと気が流れていくイメージをすると、なお効果的です。グラウンディングが強化され、ココロとカラダが落ち着きを取り戻していきます。

ピアノレイキワーク「ストリーミング編」

下丹田《しもたんでん》の気のポンプを活性化させることで、パワフルに気の巡りを良くしていくのが、ストリーミングのポジションです。

おへそから、おへその下にかけての下腹部あたりに手を当てます（157ページのイラスト参照）。

こちらも移動中や、休憩時間など、目立たずにセルフヒーリングができるポジションです。外出先では、イヤホンを活用して、トラック3のピアノレイキを聴きながら行ってください。

こちらも最初は2〜5分程度から実践し、時間があるときや慣れてきたら、1曲が終わるまで（15分）セルフヒーリングの時間を延ばすようにしてください。直感が鋭くなり、明確にキャッチできるようになります。また、シンクロニシティが増えて、人生が加速していきます。

余裕があるときは、トラック1〜3を連続で流し、3ポジション（合計45分）のピアノレイキワークができるとなお良いでしょう。

ピアノレイキワーク「相手の気の流れを整える」

なお、ピアノレイキを聴きながら、相手に手を当てて、相手をヒーリングすることも可能です。受ける方も施術する方もピアノレイキに耳を傾けながら行うのがポイントです。

あまり難しく考えず、背中や肩など、手を当てやすい場所に置いて、手のひらで感じるあたたかさを味わいながら行ってください（左のイラスト参照）。

あなたも相手も呼吸が自然と深くなり、リラックスして心身の改善を感じることでしょう。人生をより良くするための「情報」も、共にキャッチしやすくなります。

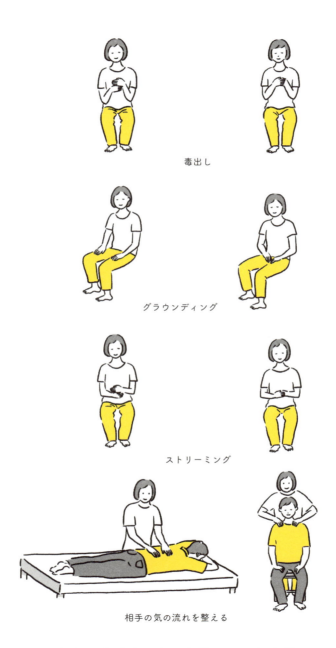

毒出し

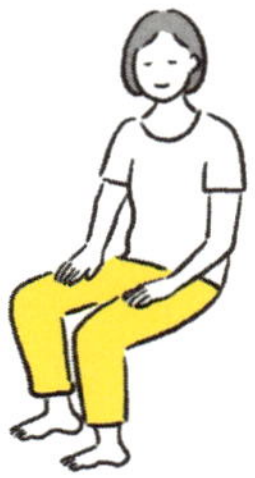

グラウンディング

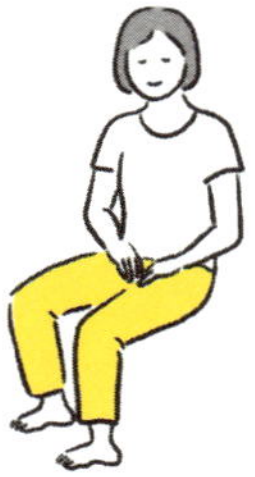

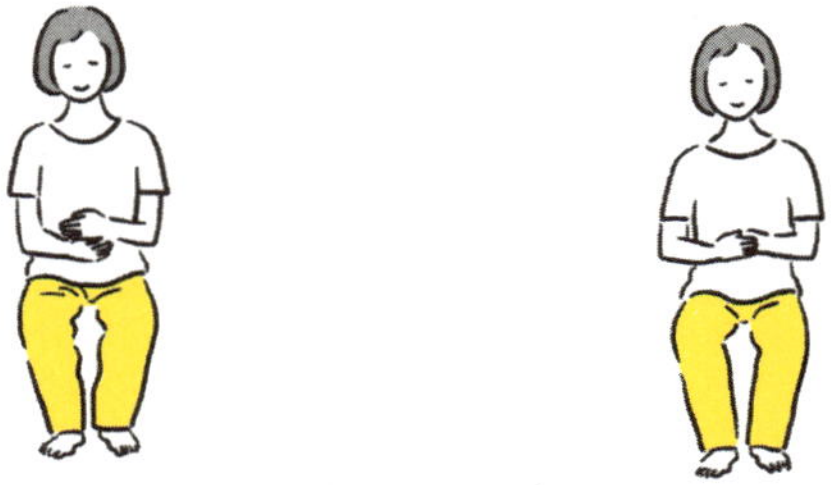

ストリーミング

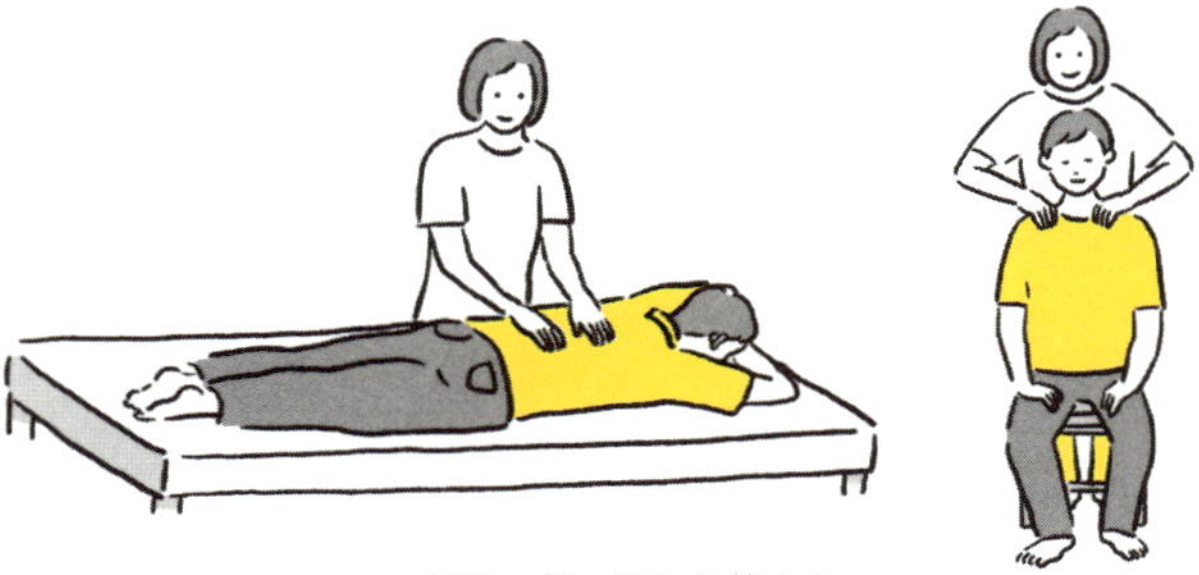

相手の気の流れを整える

エピローグ
――あなた本来の「音」が鳴り響きますように

最後までお読みいただきありがとうございます。本書と私の音楽を通してあなたとお会いできたこと、本当に嬉しく、感謝でいっぱいです。

最近、私はシンガポールをはじめ海外での活動も広がってきているのですが、そこでのレイキの知名度には驚くばかりです。ピアノレイキを通して、日本で生まれたレイキという気のメソッドが、さわやかな形でもっと広がればと願っています。

17年ほど前に、はじめは心身のヒーリング目的ではじめたレイキですが、気（エネルギー）の流れが整うことによって、人生を飛躍させるための情報が手に入ることがわかってからは、気の捉え方が変わりました。最近ではこの「**気の流れがよくなると、人生をより良くするための情報が入ってくる**」「**直感やチャンスという形で気が情報を運んでくる**」という視点で「気」のパワーを活用する方法をお伝えしています。

一方で、心理学や医療でも解決できなかった心とメンタルの問題が、栄養と食事で大きく改善できることを体感し、それを伝えることも活動の大きな軸になっています。

たんぱく質をメインとした食事とサプリメントによって、セロトニンやノルアドレナリンなどのやる気や心の安定に必須の神経伝達物質を自らの肉体で生成できるようになると、心身と人生の問題が解決するだけではなく、眠っていた才能が開花し、自然とやる気に溢れ、人生が一気に開けていくのをご存じですか。

人生を飛躍させるには、心とメンタルのアプローチが半分、残り半分は食事と栄養による肉体のアプローチにあったのです。波動も同様で、肉体の波動をないがしろにして、心の波動ばかりに取り組んでも行き詰まります。

たとえるのなら、肉体がスマートフォンであり、ネットに接続するのがピアノレイキなどの気のメソッドなのです。肉体が整って、スマートフォンが最新式になると、通信速度が速くなります。その上で、インターネットに接続、つまり気を流してあげると、必要な情報がどんどん入ってきて、人生がどんどん展開していきます。

生きていると、どんな人でも、心身によどみが少しずつ溜まっていきます。

自分を「リセット」するって、とても大切なことなのです。

リセットされ、ナチュラリングされると、「本当の自分の音」に戻り、人生というオーケストラが壮大に響きはじめます。

付属のピアノレイキを聴くだけでもいいので、あなたの無理のない範囲で本書の内容を実践してみてください。

私は今まで「本」と「音楽」に命を救われています。

苦しいときに限って、直接助けてくれる人はなかなか現れません。しかし本と音楽だけは、孤独だった私の隣にまですっと降りてきて、そっと、でもしっかりと私を支えてくれました。実際に著者やアーティストに会えなくても、彼らは作品を通して私を助けてくれました。

このとき溢れた「ありがとう」を次に回していきたい。

今度は私の番です。本書と私の音楽が、あなたに何かを届けてくれたら、こんなに幸せなことはありません。

あなた本来の音が、あなたらしく、美しいメロディとなって、世界を満たしていくのを楽しみにしています。

そして私も、橋本翔太という「自分本来の音」を奏で続けていきたいと思います。

橋本翔太

橋本翔太
（はしもと・しょうた）

臨床心理学専攻教育学修士
心理カウンセラー・音楽療法家

国立・埼玉大学にて音楽教育学を、大学院にて臨床心理学を専攻、修士号取得済。小・中・高校、特別支援学校、各教員免許状取得済。首都圏の私立中高一貫校での音楽教員を経て、株式会社nemofficeを設立。

「音楽療法」「心理療法」「栄養ボディ療法」の3つの柱を通して、心を回復・飛躍させるSHOTAメソッド、心の改善に特化したサプリメント「コーダサプリメント」、独自のヒーリング音楽「ピアノセラピー」「ピアノレイキ」CDシリーズが大きな反響を呼び、心の不調からの回復だけではなく、体調・仕事・恋愛・人間関係が改善し、人生が劇的に好転した人が続出している。現在、日本全国各地に加え、海外からも受講者が集まっている。

現在は日本のみならず南アジアでの活動も展開。シンガポールに拠点を置き、メンタルヘルスケアの指導、人材育成、自閉症などの障害やADHDを抱える子供や成人と、その家族へのカウンセリングと指導を行っており、南アジアでの心・メンタルヘルスケアの普及に尽力している。

著書『聴くだけうつぬけ』（フォレスト出版）、「他人（ひと）からどう思われているか」気になったとき読む本』『大丈夫、あなたの心は必ず復活する』（KADOKAWA）、『しあわせな恋がはじまるCDブック』（サンマーク出版）、『弾くヒーリング ピアノレイキ（楽譜集）』（ドリームミュージックファクトリー）など多数。

橋本翔太 総合案内サイト
http://pianosh.com/

公式ブログ
http://www.shotablog.com/

橋本翔太ショップ
http://shotashop.com/

CDを取り扱う際の注意　　**ご使用前に必ずお読みください。**

» 本来の目的以外の使い方はしないでください。
» 必ず音楽CDに対応するプレーヤーで再生してください。
» 直射日光の当たる場所や高温多湿の場所での保管は避けてください。
» ディスクは両面とも、指紋やキズや汚れなどがつかないように注意してください。
» ディスクは両面とも、ペン類で文字を書いたり、シールを貼ったり、接着剤をつけたりしないでください。汚れが付いたら、柔らかい布で軽くふきとってください。
» 安全のため、破損したディスクは絶対に使用しないでください。
» ディスクは幼児の手の届かないところに保管してください。
» ごくまれに、一部のプレーヤーで再生できない場合があります。音楽CDに対応したCD-ROMドライブ、DVD-ROMドライブ搭載のパソコンなどで使用する際、機器によってディスクを再生できない場合があります。また、OSや再生ソフト、マシンスペック等により再生できないことがあります。詳しくは各プレーヤー、パソコン、ソフトウェアのメーカーにお問い合わせください。

本書は2008年10月発行の『あなたをうるおすピアノレイキ』（総合法令出版）を改題、一部再編集したものです。

すべてが楽になるピアノレイキ

2019年8月5日　初版発行

著者　橋本翔太
発行者　太田　宏
発行所　フォレスト出版株式会社
〒162-0824
東京都新宿区揚場町2-18　白宝ビル5F
電話　03-5229-5750（営業）
　　　03-5229-5757（編集）
URL　http://www.forestpub.co.jp
印刷・製本　萩原印刷株式会社

ISBN978-4-86680-042-4　Printed in Japan

すべてが楽になる

ピアノレイキ

購入者無料プレゼント

本書をお読みくださったみなさんにスペシャル動画をプレゼント!

自律神経を整え
波動上昇の入り口を作る
ピアノレイキワーク

ピアノ演奏付き実践動画

※無料プレゼントはWeb上で公開するものであり、CD・DVDなどをお送りするものではありません。

※上記特別プレゼントのご提供は予告なく終了となる場合がございます。あらかじめご了承ください。

▼読者プレゼントを入手するにはこちらへアクセスしてください
http://frstp.jp/pianoreiki